DE LA RÉPUBLIQUE ET DES RÉPUBLICAINS EN FRANCE

PAR

GEORGES LORIS

PARIS

E. DENTU, ÉDITEUR

LIBRAIRE DE LA SOCIÉTÉ DES GENS DE LETTRES

PALAIS-ROYAL, 15-17-19, GALERIE D'ORLÉANS

1881

DE LA RÉPUBLIQUE

ET

DES RÉPUBLICAINS EN FRANCE

AVERTISSEMENT IMPORTANT

L'étude que nous publions aujourd'hui fut composée vers la fin de 1871, presque à l'issue de nos malheureuses guerres. Cédant aux instances de ses amis et de quelques personnes considérables, au jugement desquelles elle avait été soumise, l'auteur la fit, vers cette époque, présenter à une de nos grandes revues, — au *Correspondant*, si nous ne nous trompons. Il n'eut malheureusement pas la patience d'attendre que son tour de publication arrivât et la fit retirer au bout de quelques semaines. Revenant à son idée première, il songeait alors à la faire paraître sous forme de brochure, lorsque, au grand étonnement de ses amis, — pour des raisons que nous ignorons, mais auxquelles la crainte d'arriver trop tard, d'avoir perdu la priorité des idées pourrait bien ne pas être étrangère, — il renonça tout à coup à livrer son travail au public et enterra son manuscrit au fond d'un tiroir, où il a dormi jusqu'à ce jour.

Cette histoire, que nous entendîmes raconter, il y a quelques mois, excita notre curiosité. Nous désirâmes vivement connaître ce manuscrit si impitoyablement jeté aux oubliettes. Etait-ce un meurtre que l'auteur avait commis, ou s'était-il simplement rendu justice? Nous tenions à le savoir. Ce ne fut cependant pas sans peine que nous obtînmes l'exhumation du malheureux cahier.

Malgré l'éloge que nous avions entendu faire de l'œuvre de M. Georges Lorris, nous ne nous attendions guère, — nous ne le cacherons pas, — à la surprise qu'elle nous réservait. Nous étions à peu près convaincu d'avance que nous allions trouver quelque chose d'honnête sans doute, de bien pensé, d'écrit *dans de bonnes intentions*, comme disent les hommes d'église, — mais aussi de vieilli, d'usé, des idées sentant la moisissure, quelque chose, en un mot, ayant le tort tout au moins d'être sans actualité aujourd'hui, et partant, sans grand intérêt. Notre étonnement ne fut donc pas petit, en parcourant ces pages, de les trouver vivantes et vraies autant qu'elles l'étaient au moment où elles furent écrites, de reconnaître qu'elles n'avaient rien perdu ni de leur originalité ni même de leur actualité, de nous trouver en présence d'une œuvre d'un mérite incontestable.

Il est certes à regretter que cette étude n'ait pas été publiée plus tôt, — l'amour-propre de l'auteur eût obtenu une satisfaction qu'il ne saurait espérer aussi grande aujourd'hui. Nous ne dirons pas que les idées exprimées ici par lui fussent des idées bien neuves, même en 1871, mais on peut soutenir du moins que ce n'était qu'avec une certaine timidité que quelques journaux conservateurs osaient, à cette époque, les émettre. Beaucoup de publicistes sans doute étaient, depuis longtemps déja, sans illusion sur le suffrage universel, mais aucun n'avait encore eu le courage de l'attaquer si hardiment en face.

Ce qui nous a particulièrement frappé dans cette étude, c'est la sagacité avec laquelle M. Georges Lorris a prévu la marche des événements. Bien des choses qu'il avait annoncées, se sont réalisées depuis, — et nous avons les preuves irrécusables que ses prédictions ne sont point, comme il en est tant, des prédictions venues après coup.

Rien, il est vrai, dans son œuvre, — nous le reconnaissons avec lui, qui n'ait été à peu près dit à l'heure qu'il est. Il ne pouvait en être autrement. Si la presse, au lendemain de nos défaites et en présence d'un ordre politique nouveau, est restée quelque peu hésitante, si elle a attendu, pour parler, que la république nous eût montré ce qu'elle nous apportait, — elle ne pouvait cependant garder longtemps une pareille réserve. Revenue bien vite de sa première surprise et retrouvant son ancien courage, elle n'a point tardé aussi à signaler les vices du régime républicain, à dévoiler les agissements et les coupables manœuvres des prétendus amis du peuple et à montrer l'abîme vers lequel ils nous entraînent.

Quelque banales toutefois que semblent être devenues la plupart de vérités renfermées dans l'ouvrage de M. Georges Lorris, nous ne craignons pas d'affirmer que leur valeur et leur autorité n'en sont nullement diminuées, que, par le fond aussi bien que par la forme, cette œuvre garde une certaine saveur, une originalité encore, qui, seules, suffiraient à en assurer le succès. Nous en doutons si peu que nous avons nous-même demandé à l'auteur l'autorisation de la publier. Après une assez longue résistance, il vient enfin de nous l'accorder. Que cette résistance n'étonne point, — on la comprendra mieux et on pourra surtout juger de la nature des hésitations et des scrupules que nous avons dû vaincre, en lisant la petite note qui se trouvait en tête du manuscrit et lui servait comme de préface, — note que nous avons tenu à conserver.

Le manuscrit que nous publions est absolument celui qui fut écrit en 1871, — le lecteur voudra bien ne pas l'oublier. Rien n'y a été changé; à peine quelques corrections insignifiantes y ont-elles été faites. Si nous insistons sur ce point, c'est que nous pensons que l'acte de naissance d'un ouvrage l'explique souvent mieux que tous les commentaires et qu'il importe pour celui-ci surtout de ne pas le perdre de vue. Il est besoin en effet de se reporter à l'époque où il fut écrit pour le juger bien et aussi pour pardonner à l'auteur la vivacité de certaines expressions et l'amertume qui parfois déborde en lui.

Point de parti pris cependant, chez M. Georges Lorris, point de prévention, pas plus contre les hommes que contre les choses, — point de partialité suspecte. Il ne parle au nom d'aucun parti, et il serait difficile même de deviner celui auquel vont ses préférences. Il ne repousse nullement la forme républicaine, — il la croit simplement impossible en France. Il n'a nullement peur de la république, — il n'a peur que des républicains, et est convaincu que ce sont eux surtout qui la tueront. Toute sa thèse est là. Aux lecteurs de décider s'il a tort ou raison : C'est à lui que nous laissons la parole.

P. W.

Note de l'Auteur

Les dernières lignes de cette étude étaient écrites déjà, lorsque nous furent communiqués quelques numéros des *Guêpes nouvelles* de M. Alphonse Karr. Nous eûmes, en les parcourant, la joie, — mélangée d'un peu de dépit, nous le confesserons, — d'y trouver plusieurs des idées développées par nous, présentées là sous cette forme concise et piquante qui appartient au spirituel ermite de Saint-Raphaël. Si nous ressentions quelque orgueil en effet de nous rencontrer avec un de nos plus remarquables écrivains, avec celui surtout dont nous avons admiré toujours le rare bon sens autant que l'esprit, — nous n'en redoutions pas moins de paraître lui avoir emprunté la plupart des idées que nous présentons dans cette étude. Cette crainte fut même un instant assez vive pour nous faire renoncer à livrer ces pages à la publicité. Que si nous revenons sur cette détermination aujourd'hui, c'est que nous comprenons bien que les idées que nous essayons d'exposer ici, ne sont point de celles dont la priorité est une gloire que l'on se dispute, — et qu'espérer, en un sujet pareil, trouver quelque chose d'absolument neuf à dire, serait de notre part une prétention des plus exagérées. Faisant donc taire de puériles susceptibilités, nous n'hésitons plus à joindre notre plainte à toutes celles qui s'élèvent déjà en présence de l'œuvre de dissolution que nous voyons commencée, à apporter notre protestation, — quelque peu d'autorité qu'elle ait, — contre les menées d'un parti, qui, d'un *cœur léger*, lui aussi, ne craint pas d'entraîner la France aux abîmes. Le temps n'est plus où les hommes d'ordre ne savaient que courber la tête et avec résignation accepter les lois que lui dictaient les factieux de la rue. Nous estimons que, dans un danger qui nous menace tous, il est du devoir de chacun de pousser le cri d'alarme pour réveiller ceux qui dorment, et d'apporter sa pierre, grosse ou petite, à la digue que nous avons à opposer sans retard au torrent qui gronde à nos portes. (Note de l'auteur.)

Les Condamines, novembre 1871.

RÉSUMÉ

Il faut que la France en prenne son parti, — elle est décidément condamnée à la révolution périodique. Tous les vingt ans, paraît-il, elle devra voir s'abîmer le gouvernement qu'elle s'était donné, et assister avec résignation à un essai de république. Heureux pays! il n'aura bientôt plus rien à envier à l'Espagne ni à toutes ces républiques hispano-américaines dont la politique est peut-être plus mouvante encore que le sol.

Voici plus de quatre-vingts ans déjà que les idées de *république* ont pénétré la France, et que ce mot est devenu un épouvantail pour les uns, pour les autres une arme à l'aide de laquelle ils ont plus d'une fois tenu en échec et renversé même les pouvoirs établis. Il serait temps, croyons-nous, de rendre à ce vocable sa véritable acception, de savoir bien ce qu'il signifie, et aussi ce qu'il vaut dans la bouche de ceux qui le prononcent avec une si ridicule emphase. Est-il une promesse? Est-il une menace? Il nous importe de l'apprendre et de sortir une bonne fois de nos doutes. La question est assez grave, nous intéresse à trop d'égards pour qu'il y ait à l'ajourner davantage.

Il n'est pas rare de voir des mots perdre leur acception

primitive, leur vrai sens, et arriver insensiblement à une signification très éloignée de l'idée qu'ils doivent exprimer. On en trouverait peu cependant qui soient à la fois plus répandus et aussi mal compris, et dont le sens ait été plus étrangement tourmenté, faussé, dénaturé que celui de *république* aujourd'hui.

On ne s'entend guère mieux, — cela va de soi, sur le mot de *républicain*, dont il est fait si grand abus de notre temps. C'est un titre, — car sous la monarchie de Juillet comme sous l'empire on était arrivé à en faire un titre, — un titre que l'on donne avec une déplorable légèreté, — un nom que prennent trop souvent des hommes que l'on embarrasserait passablement, nous en avons le soupçon, en leur demandant la différence qui existe pour eux entre la république et la monarchie.

Nous avons cru aussi qu'il ne serait pas sans utilité d'examiner d'un peu près enfin et république et républicains, — et, ne nous laissant pas étourdir par le bruit que ces derniers savent faire, de rechercher ce qu'il peut y avoir sous tous ces magnifiques principes dans lesquels ils se drapent superbement.

On nous dit que la France est républicaine. Soit. Nous nous en assurerons nous-mêmes en analysant les éléments divers dont se compose le parti républicain, ou, pour être plus vrai, l'armée républicaine ; nous restituerons, chemin faisant, leur véritable nom aux prétendus républicains dont nous avons parlé plus haut, et verrons de plus la confiance qu'il convient d'accorder à ce suffrage universel tant vanté et dont on est fier comme de la plus belle des conquêtes.

Il faut que les masques tombent. Qu'on ne pense pas

que nous soyons éternellement dupes des triste comédies qui se jouent devant nous! N'est-ce pas trop déjà que nous ayons à payer toujours les frais de la représentation?

Puisque la république se vante de nous conduire au bonheur, il ne saurait nous être défendu, avant que de nous confier à elle, de nous enquérir au moins des moyens avec lesquels elle prétend nous y faire arriver. Par un procédé dont les sciences ont expérimenté et prouvé la valeur, nous parviendrons sans peine à savoir ce qui nous intéresse; — nous servant simplement en effet des données que nous avons, nous n'aurons nulle difficulté à dégager suffisamment cet inconnu vers lequel on nous pousse.

Nous espérons bien, dans le cours de cette étude, rester dans les limites de la plus parfaite convenance, et, écartant les souvenirs trop irritants, nous montrer aussi impartial qu'on doit l'être avec des adversaires : nous n'oserions nous flatter cependant de ne point blesser parfois les susceptibilités de messieurs les républicains, et de pouvoir toujours leur être agréable. Ce n'est point, d'ailleurs tout à fait là le but que nous nous sommes proposé en écrivant ces pages, — on l'a peut-être déjà deviné. Par avance nous souffrons donc des vérités que nous aurons à faire entendre, car nul n'ignore qu'il est des vérités qui se pardonnent moins que des injures ; — la faute toutefois n'en sera point à nous.

Amicus Plato, sed magis amica veritas.

DE LA RÉPUBLIQUE

ET

DES RÉPUBLICAINS EN FRANCE

I

Avant tout, — et pour empêcher ceux qui nous liraient de tomber dans quelque méprise à notre endroit, — nous tenons à déclarer que nous ne sommes point ennemi de la république telle qu'il faut l'entendre et que la conçoivent les esprits sérieux, — que nous ne saurions surtout être confondu avec ceux qui la combattent de parti pris, et moins encore avec ceux devant qui ce mot ne peut être prononcé, sans qu'ils voient aussitôt se dresser le spectre sanglant de 93. Nous sommes pour les situations nettement dessinées. Que si, dans le cours de ce livre, il nous arrivait donc d'attaquer la république, il soit bien entendu que c'est à celle seulement dont on nous menace et dont nous avons eu d'assez tristes spécimens déjà, que nos coups s'adressent.

Nous n'aimons guère les républicains, il est vrai, — ou pour mieux dire, les *républiqueurs*, comme Chateaubriand serions encore. La devise de M. de Bismarck « *La force prime le droit* », — est pour nous une devise de sauvage. Espérons que le jour viendra où nous pourrons en faire prévaloir une meilleure : — « *Le droit s'appuyant sur la force.* »

En attendant, et sans craindre beaucoup que cette dernière devise puisse être retournée contre nous dans la thèse que nous défendons, — il nous est permis de trouver assez étrange que ce soient précisément ceux qui ont passé leur vie à parler de liberté, qui ont érigé en dogme la volonté nationale, et, depuis plus de cinquante ans, usé leurs poumons à crier au peuple qu'il était le *seul et vrai souverain*, — que ce soient ceux-là qui veuillent aujourd'hui nous faire républicains malgré nous.

C'est, il est vrai, *notre bonheur* qu'ils veulent. Ils n'ont pas d'autre but, paraît-il. A les voir à l'œuvre, à les suivre dans leurs agissements, à recueillir surtout les mille et une illégalités, les actes d'arbitraire, et les violences, et les iniquités jointes aux magistrales inepties par lesquelles messieurs les délégués du Gouvernement de Tours ont illustré leur passage dans nos provinces, — il serait certes permis d'en douter un peu. On pourrait trouver même qu'ils ont à jamais perdu le droit de rien reprocher à l'empire. — Gardons-nous de juger aussi superficiellement !

Ces hommes ont, pour nous faire arriver au bonheur, des voies à eux connues, des procédés particuliers qui ne se discutent pas, qu'il ne faut pas même essayer de comprendre. Confions-nous à eux. Ils nous ont taillé un habit dans lequel il faut que, bon gré mal gré, nous entrions. Ils ne se sont guère préoccupés sans doute de le faire à notre convenance et à notre mesure, — mais cet habit leur plaît, ils le déclarent excellent pour nous, — cela doit nous suffire. S'il est trop court, on ne l'allongera pas, — c'est nous qu'on *raccourcira*. Est-il quelque chose de plus simple ? Babœuf n'avait pas trouvé mieux pour rendre tous les hommes égaux. — Ne nous avisons pas non plus de trouver jamais cet habit trop étroit et de dire qu'il nous gêne ! Nous aurions à nous en repentir. Le plus sage est de nous montrer contents et de le déclarer même un peu large.

Eh bien ! nous devons avoir le caractère décidément très mal fait, car nous ne ressentons pas la moindre reconnaissance pour toutes les félicités dont on veut nous combler. Nous sommes naturellement porté à prendre en défiance les gens qui veulent trop s'immiscer dans nos affaires et prétendent nous servir malgré nous. Peut-être sommes-nous comme la femme de Sganarelle, et tenons-nous à être battu ! Dans tous les cas, nous préférons encore l'état où nous sommes à un bonheur qui nous arriverait par ordre et que nous ne pourrions même décliner (1).

(1) « C'est dans la pleine possession de la liberté que l'homme, que l'être moral, — disent excellemment les philosophes du parti républicain, — peut atteindre son entier développement, — par la liberté qu'il conquiert son véritable rang dans la création, puisque c'est la liberté seule qui peut donner la moralité à ses actes. »

— Ce mot de liberté aurait peut-être besoin d'être exactement défini ici. — Nous le prendrons toutefois dans le sens qu'ils lui accordent eux-mêmes. — Nous soutenons alors qu'un bonheur imposé est souverainement incompatible avec la liberté politique aussi bien qu'avec la liberté philosophique. Il n'y a plus là de place pour elle. Un pareil bonheur ne serait donc qu'un bonheur absolument négatif, et se rapprocherait infiniment plus du mal que du bien.

II

Si la France n'est pas républicaine, — et nous sommes de ceux qui font plus que le croire, qui ont la conviction profonde qu'elle ne l'est pas, — en vertu de quels droits cependant prétendrait-on la contraindre à le devenir?

Serait-ce par un acte du plus inouï, du plus odieux des despotimes que l'on voudrait inaugurer le règne de la liberté? Convenons-en, devant une pareille logique on serait surabondamment autorisé à se méfier des promesses magnifiques des républicains, et à n'être pas sans appréhension sur l'avenir qu'ils nous préparent.

Puisque c'est la nation qui se gouverne, que c'est à elle qu'il appartient de décider de son sort, de choisir la forme du gouvernement qui lui convient, qu'elle veut, — pourquoi donc ne pas l'avoir consultée? Nous accordons que la chose fut difficile, impossible même au 4 septembre, — mais quand la paix fut conclue, pourquoi ne l'avoir pas fait? Ce n'est pas que nous croyions beaucoup à ce que les urnes électorales nous disent! Nous savons trop à quoi nous en tenir là-dessus. Aussi n'est-ce point pour nous que nous regrettons que la nation n'ait pas été interrogée, mais bien pour les républicains, qui du moins se fussent par là montrés conséquents.

Que si la France est républicaine au contraire, ainsi

qu'on l'affime et qu'on le proclame si hautement, à quoi bon alors tant de bruit ? Pourquoi toute cette agitation ? Pourquoi ces comités qui partout s'organisent, ces ligues républicaines nous faisant l'effet de soldats qui se comptent et se préparent au combat, bien plus que d'hommes qui viennent de triompher? Pourquoi ces visages encore menaçants, ces discours passionnés, ces continuels appels au peuple, ces provocations que rien ne motive plus? Pourquoi déployer enfin ce luxe de moyens qui sentent trop la compression et la violence, et où nous chercherions vainement ce respect que l'on dit avoir pour la liberté individuelle ? Puisque la France est républicaine, tenez-vous donc en paix, abandonnez-vous à la joie d'avoir vu votre rêve le plus cher se réaliser, — sinon, nous vous en prévenons, vous nous donneriez à croire que vous n'êtes pas aussi assurés des sentiments de la France que vous voulez bien le dire.

« C'est que la *réaction*, dites-vous, lève la tête; elle travaille dans l'ombre et cherche à renverser la république. » — Eh bien! pourquoi ne lèverait-elle pas la tête, *la réaction?* Pourquoi n'aurait-elle pas le droit, après tout, de faire ce que vous avez toujours fait vous-mêmes, — ce que vous avez fait sous toutes les monarchies qui se sont succédé en France, depuis le commencement du siècle, — ce que vous recommenceriez à faire demain, si la république vous échappait? S'il nous en souvient bien, lorsque ces hommes, que vous appelez si dédaigneusement des *réactionnaires*, tenaient le pouvoir, vous trouviez assez mauvais qu'ils osassent par tous les moyens le défendre contre vos attaques. Les rôles sont changés aujourd'hui, —vous êtes en haut, ils sont en bas ;—vous faites comme eux firent, ne vous indignez pas tant s'ils font à leur tour comme vous faisiez. Mais qu'avez-vous à craindre, nous le répétons, puisque la France est républicaine?

Il n'est pas impossible cependant que vous ne regardiez comme une injure d'être comparés à ceux dont vous avez pris la place. Ces hommes étaient en effet les *oppresseurs* du peuple, et vous en êtes, vous, les *libérateurs*. Grande est la différence! Ce qui était donc crime pour eux, pour vous naturellement est un droit, — plus qu'un droit, un devoir.

Oh! nous connaissons, croyez-le, tout ce que vous avez écrit et débité là-dessus, tous les spécieux raisonnements à l'aide desquels vous avez démontré et prouvé ce droit. — Nous sommes dans un siècle où tout se démontre et se prouve, — même la parfaite innocence de l'assassin surpris le couteau à la main. Des thèses semblables ne sont que jeux d'enfant pour des avocats. N'espérez pas toutefois nous convaincre, et prenez garde que ces mêmes raisonnements un jour ne servent contre vous!

Mais nous n'engagerons pas la discussion sur ce terrain, — elle nous entraînerait trop loin de notre sujet. Ce que nous tenons seulement à vous dire aujourd'hui, c'est que vous ne réussirez pas à nous donner le change. Non, nous ne croyons pas, nous n'avons jamais cru, sachez le bien, à votre amour désintéressé du pays. Quelle somme de naïveté ne faudrait-il pas vraiment, pour voir en vous des philosophes humanitaires, des hommes n'ayant d'autre ambition, d'autre préoccupation que celle d'améliorer le sort de leurs semblables, de travailler au bonheur de leur patrie! — Quand on porte véritablement au cœur une aussi noble et aussi sainte passion, on emploie, pour atteindre le but, d'autres moyens que ceux dont vous vous servez. — Non, vous n'êtes qu'un parti, qu'une faction, et ce n'est point de la France que vous vous souciez, — mais du pouvoir, mais de vos propres intérêts seulement.

C'est vainement que parmi vous nous cherchons quelques-uns de ces hommes dont la grandeur du pays et les vrais intérêts du peuple font toute la sollicitude; — nous ne trouvons, hélas! de quelque côté que nous nous tournions, que des ambitieux vulgaires, chez la plupart desquels le talent est remplacé par l'audace, et pour qui la grandeur du pays est bien la dernière des préoccupations. Ah! on vous verrait en effet, — si votre amour pour lui était sincère, — hésiter davantage à provoquer des luttes d'où il ne sort jamais que meurtri, brisé et affaibli pour longtemps, et dans lesquelles encore, — chose plus triste! mal presque irréparable! — il a perdu toutes les notions du devoir.

Vous n'êtes qu'un parti, — rien de plus; mais un parti fort et puissant, un parti redoutable, — nous le reconnaissons, — parce que vous avez avec vous la tourbe des mécontents que toute nation renferme, et que vous vous appuyez sur cette portion du peuple que vous avez égarée avec vos déclamations, vos méprisables flatteries et vos coupables promesses.

Pauvre peuple! c'est toujours pour lui qu'on travaille, toujours pour améliorer son sort que se font les révolutions, et c'est toujours à la même place qu'il se retrouve. Cela l'étonne bien un peu, mais il n'ose exprimer trop haut son étonnement. On lui a dit qu'il venait de reconquérir des droits magnifiques, que désormais c'est lui qui serait le véritable souverain, — et il est satisfait, bien qu'il ne comprenne pas beaucoup et que, à part lui, il estime que « *Le moindre ducaton ferait beaucoup mieux son affaire.* » — Parfois cependant il se fâche et ses colères, comme celles des enfants, sont terribles. Mais, tout confus, il cherche le lendemain déjà à faire oublier sa révolte de la veille et retourne tête basse à son sillon.

Pauvre, pauvre peuple! il a toujours payé, et c'est lui qui toujours payera pour les ambitieux, — quelle que soit leur étiquette, — au service desquels il aura la sottise de se mettre!...

III

Nous avons, au début de cette étude, assez dit, pour qu'il soit besoin de le répéter de nouveau, que la république ne nous répugnait nullement, — que nous serions même assez porté vers cette forme de gouvernement, si nous n'étions aussi profondément convaincu que nous le sommes qu'elle ne saurait convenir encore à notre pays. Ceci bien établi, il ne nous reste qu'à donner les raisons qui nous ont conduit à une conviction pareille.

Le vice de tous les systèmes, comme de toutes les théories, est de trop perdre la terre de vue, de trop rarement tenir compte des difficultés qui se rencontrent dans l'application. Personne qui ne sache cependant les surprises cruelles et les mécomptes de tout genre qui attendent les hommes de science sur ce terrain de la pratique si fertile en désillusions. Combien de fois la rigueur mathématique n'a-t-elle pas eu tort! — Telle chose qui paraît excellente à première vue, peut, en effet, dans l'application, devenir détestable. Une forme de gouvernement pourrait donc être parfaite en théorie, — c'est le cas de la république, — et ne donner, une fois adoptée, que des résultats très éloignés de ceux qu'on en attendait; — elle pourrait même convenir à un peuple, et ne pas du tout convenir à un autre. Il se pourrait enfin que ce même mode de gouvernement qui ne convenait pas à telle époque, convînt admirablement plus tard, si les conditions morales de ce peuple étaient changées, si, par les progrès accomplis, ce peuple était arrivé à pouvoir l'aborder sans danger. — Rien d'absolu sur terre, rien d'éternel aussi. Lorsque tout change, se modifie, se transforme incessamment en nous et autour de nous, nous ne saurions certainement, sans folie, rêver des institutions immuables. Prétendre qu'une société doit être régie toujours par les mêmes lois et garder à jamais la forme de gouvernement qu'elle eut à son origine, ne serait pas moins absurde que de vouloir condamner l'homme au même vêtement durant toute sa vie. L'absurdité toutefois serait non moins grande à vouloir emprunter soit leurs institutions, soit leur organisation militaire à des peuples dont le tempérament différerait essentiellement du nôtre. C'est donc ici qu'il importe d'agir avec prudence, et de ne pas compromettre le sort d'une nation par une hâte coupable.

Les républicains ont déclaré la France *mûre* pour la république. — Nous ne nous attendions évidemment pas, de leur part, à la déclaration du contraire. — Ils n'ont, dans tous les cas, rien négligé pour forcer cette maturité. Mais en faisant violence à la nature, en se préoccupant beaucoup plus des apparences que de la réalité, n'ont-ils pas, comme il arrive à certains horticulteurs trop avides, gâté le fruit au lieu de le mûrir?... Ils croient la France suffisamment préparée à recevoir la forme républicaine. L'ont-il consultée? L'ont-ils seulement bien étudiée? Prendraient-ils pour la France ces mécontents dont nous parlions plus haut, ces ambitieux que chaque couche sociale renferme, ces déclassés, et surtout cette triste population de nos grandes villes qui ne sait certainement pas ce qu'elle veut, — qui se complaît dans l'anarchie et le désordre, — qui hier a renversé la monarchie et demain sera prête à renverser la république si on l'y convie? Seraient-ce par hasard les aspirations de ceux-là que l'on voudrait nous donner comme l'expression des aspirations, des désirs du pays? — En soutenant que la France veut la république, les républicains sont-ils assûrés de ne pas se tromper ou de ne pas nous tromper? Quoi qu'il en soit, leur déclaration ne fait point loi pour nous, et, dans une question aussi grave, il peut nous être permis de ne pas nous en rapporter absolument à eux.

La France, — c'est en vain qu'on voudrait se le dissimuler, — est façonnée pour la monarchie, — qui, après tout, l'a faite ce qu'elle est. Malgré ce qui a été tenté déjà pour l'arracher au culte de ses souvenirs, elle garde dans son esprit, dans ses goûts, dans son caractère même l'empreinte des intitutions monarchiques. Dût-on crier *haro* sur nous, nous irons plus loin, nous soutiendrons que la France aime à avoir un chef unique, — nous avons failli dire un maître! — Qu'elle aime à se sentir gouvernée, et n'éprouve point le besoin de se gouverner elle-même. C'est triste, c'est affligeant, tant que vous le voudrez, mais ce n'en est pas moins ainsi. Elle aime un pouvoir qui n'ait rien de vague, rien d'abstrait, un pouvoir qu'elle comprenne. Elle est catholique et non protestante, qu'on ne l'oublie pas, et, pour prier Dieu, pour invoquer un saint, il lui faut une figure, une image qui les lui représente. Son imagination trop mobile et trop vive a besoin de quelque chose de sensible pour être fixée. Elle ne comprend donc le pouvoir que lorsqu'il est *personnifié*. Mais pour que ce pouvoir ne perde point son prestige à ses yeux, il faut que celui qui en est revêtu le garde. Un pouvoir temporaire ne lui inspire qu'un très faible respect. Elle n'est guère portée à se prosterner devant les dieux qu'elle peut défaire. Nous venons de le dire, elle n'est pas pour les abstractions, et de longtemps encore elle ne pourra admettre que celui qui est aujourd'hui le chef suprême de l'État, redevienne demain un simple citoyen et rentre obscurément dans la foule. — A tort ou à raison, elle ne peut concevoir un corps sans tête, et beaucoup moins un corps surmonté de plusieurs têtes. Elle a bien une vague idée d'avoir entendu parler d'un animal, d'une hydre qui en avait sept ; — ce souvenir mythologique ne la rassure nullement.

Que l'on se garde bien de croire aussi que la France ait pour le luxe d'une cour une invincible aversion, comme les républicains le prétendent. La France aime le luxe, au contraire, elle aime la représentation, l'éclat, tout ce qui brille. Il faut que le chef de l'Etat, celui devant lequel elle consent à s'incliner, se présente à elle entouré du plus grand prestige possible. Elle tient à voir en lui un homme supérieur aux autres hommes, et, si grandes que puissent être ses qualités, elle a besoin, pour y croire, qu'il s'offre à ses regards avec tout l'appareil de la puissance. — Ce monsieur en prosaïque habit noir, qui, hier, n'était qu'un simple citoyen, dont le nom lui était à peine connu, et qui, dans quelques années, devra rentrer dans la foule, sans qu'on se soit aperçu peut-être de sa disparition plus que de son avènement, — ce monsieur ne dit absolument rien à son imagination et ne lui inspire qu'un médiocre respect. La France est loin encore d'être arrivée aux mœurs des Américains du Nord, d'avoir, en politique surtout, et leur simplicité et leur sens pratique. Nous le répétons, elle aime que le chef suprême de l'État soit environné d'une certaine auréole, et sans peine elle souscrira à tout ce qui peut donner au pouvoir un prestige qui la flatte dans son orgueil autant que dans ses instincts. — Si c'est par conséquent aux mœurs de Sparte que vous avez la pensée de l'amener, vous pouvez dès aujourd'hui y renoncer : La France est athénienne et jamais ne consentira à goûter au brouet noir de sa rivale; — et ni vous non plus, nous en sommes certain !

Les menées de la démagogie, tout ce travail souterrain qui s'est fait pour la convertir à la république, l'ont troublée sans doute, mais ne l'ont point sérieusement entamée encore. Son instinct, — son bon sens, si l'on aime mieux, — lui fera préférer toujours le despotisme d'un seul, si despotisme il doit y avoir, au despotisme de la foule, qu'elle a appris à connaître.

On se bat vraiment les flancs, en France, pour se faire accroire et surtout faire accroire aux autres que notre société est profondément démocratique. — Nous, démocrates, bon Dieu ! Que ceux qui nous connaissent doivent rire en nous entendant prendre ce titre, en nous voyant avec ce faux nez ! Non pas que nous voulions soutenir qu'il n'y ait point de démocrates dans notre pays : — nous savons, hélas, qu'il y en a beaucoup, au contraire, que le nombre en est même considérable. Les seuls toutefois que nous tenions pour vrais, — ceux dont la sincérité et la conviction nous sont le moins suspectes, — ce sont ceux qui n'ont pas le sou. Pourraient-ils être autre chose ? Difficilement, en effet, nous nous les représenterions *conservateurs*. — On est donc démocrate, cela va de soi, tant qu'on n'est pas arrivé à émerger de la foule et qu'on a les pieds écrasés dans la cohue, — tant qu'on n'a pu accrocher la fortune ou quelque position qui y conduise. Mais que le sort, — auquel on n'aura pas craint de faire quelque peu violence, — perde de sa rigueur, — bien vite les idées changent et les convictions se modifient. On devient naturellement *conservateur*, dès que l'on a quelque chose à conserver. Il faut être logique cependant.

Quant à ces homme *arrivés* et qui cependant continuent à se décorer du titre de *démocrate*, — ce ne sont pour nous que des ambitieux qui bassement flattent le peuple et se servent de son dos pour monter plus haut encore. Le peuple ne ferait point mal de lire et de méditer la fable du *Renard et du Bouc* de notre immortel fabuliste, — il tendrait peut-être moins facilement l'échine à tous ceux qui le caressent.

IV

Non seulement la France n'est pas républicaine, mais le mot seul de république, naguère encore, réveillait en elle un sentiment de terreur. Pour elle ce mot a gardé quelque chose de sinistre. Il est, en effet, devenu pour le peuple synonyme à peu près de désordre, de pillage, de meurtre, d'incendie, de tout ce qu'il a vu en un mot, la première fois que la république fut essayée chez nous. Quoi de plus naturel qu'un pareil sophisme de sa part! Le peuple ne juge et ne peut juger d'une chose que par ses effets, que par les résultats qu'elle donne. On ne saurait évidemment lui demander de s'élever à des considérations d'un ordre purement spéculatif et exiger de lui qu'il sache comme l'historien remonter aux causes et dégager soigneusement le fait de tout ce qui pourrait, en l'obscurcissant, induire l'esprit en erreur. Non, les procédés à l'aide desquels le peuple juge et apprécie sont plus modestes. Ils sont sans doute moins sûrs aussi, et cependant moins illogiques qu'ils le paraissent. Le peuple fait un peu, si vous le voulez, comme nos paysans avec la *lune rousse*, — ils chargent cette pauvre lune de méfaits auxquels elle est parfaitement étrangère. Erreur bien pardonnable quand on sait que des savants eux-mêmes ont failli la partager! — Que le peuple en soit donc arrivé à regarder tous les crimes commis sous la première république, et au nom de la république, comme le cortège obligé de celle-ci, comme la conséquence inévitable, — à ne point voir en elle simplement une forme de gouvernement, mais la négation plutôt de tout gouvernement, une anarchie sans nom, — rien là qui puisse étonner personne. — Nul doute que ses préventions ne tombent, que ses craintes ne se dissipent et que ses idées ne se rectifient, si, durant de longues années, il lui est donné le spectacle d'une république telle que les gens sérieux la conçoivent, — d'une république laissant aux individus toute sécurité et favorisant le développement moral du pays en même temps que le développement de sa prospérité matérielle. En attendant, il se tait et observe. Il garde toujours et gardera peut-être longtemps encore sa défiance. A qui la faute?...

Et d'ailleurs, faites acte de bonne foi et dites-nous si vous ne croyez pas qu'il y aurait d'autre part beaucoup moins de républicains en France, si la république n'était, par les masses, un peu comprise dans le sens que nous venons de dire? Tous ces énergumènes de la rue, ces habitués de l'estaminet et des clubs, ces chanteurs de *Marseillaise*, ces tristes héros de barricades que chaque révolution, chaque émeute fait surgir de terre, — pensez-vous sérieusement que ce soit une république *honnête et modérée* qu'ils rêvent ? Que ce soit bien celle qu'ils méditent de donner à la France? Pas plus que nous vous ne le croyez ; et mieux que nous peut-être vous savez qu'en leur déniant tout sentiment patriotique, nous ne courons pas le risque de les calomnier.

L'ignorance, malheureusement, vient très souvent encore, chez ces hommes, renforcer les plus détestables instincts et les livrer sans défense à tous les embaucheurs chargés de recruter des soldats pour la guerre civile.

Alexandre Dumas, l'illustre romancier, a fait, en quelques pages d'un sombre comique, l'histoire de tous ces misérables que les révolutions d'ordinaire prennent à leur service, et nous a donné la mesure de leurs convictions. Dans un de ses romans il trace en effet le portrait d'un géant, — boucher de son état, si notre mémoire n'est pas infidèle, — une espèce de brute redoutable qui, dans une émeute populaire, se battait aux premiers rangs, avec une rage telle, qu'il semblait se battre pour son propre compte et avoir des injures personnelles à venger. Frappé de la haine sauvage que respirait la figure de cet homme, quelqu'un fut curieux de savoir ce que le roi pouvait bien avoir fait à ce terrible boucher, qui ne cessait de vomir des injures contre lui et paraissait l'exécrer beaucoup plus que ne l'exigeaient les besoins de la cause. S'étant donc approché de lui, il l'interrogea sur les motifs qui l'avaient poussé à prendre les armes et s'informa du but qu'il poursuivait en se battant. Le colosse alors, roulant des yeux injectés de sang et redressant fièrement son torse, apprit à son interlocuteur qu'il se battait pour la *liberté de la presse!* — Oui, rien ne l'avait ému, jusqu'ici, et il avait laissé le peuple crier et le monarque agir à sa guise ; — mais on venait de lui dire que le roi se refusait maintenant à donner la *liberté de la presse*, — c'en était trop à la fin, et jamais il ne lui pardonnerait une pareille petitesse! — Aussi s'était-il juré de ne déposer les armes que lorsqu'il l'aurait renversé du trône. — Or, cet homme, — est-il besoin de l'ajouter? — ne savait pas lire!...

Qu'on n'ait garde de voir en ce boucher un être purement imaginaire, une création fantaisiste du spirituel auteur! C'est un type, hélas! trop vivant. La France compte malheureusement par milliers de pareils hommes, et chaque jour nous les coudoyons dans nos rues. Qui de nous n'en a vu? Qui n'en a connu? — Ces sinistres idiots qui naguère se faisaient tuer pour la *Commune*, n'étaient-ils pas tous de la famille de ce boucher? Oserait-on soutenir que ce cri qu'ils poussaient avec une si féroce niaiserie eût pour eux la signification que nous lui donnons? Entendaient-ils seulement le premier mot de ces prétendus droits qu'ils revendiquaient, la menace à la bouche et le fusil au poing? Et que pouvait leur faire après tout que Paris eût la *Commune* ou ne l'eût pas? Leur condition, par hasard, allait-elle s'en trouver changée? — Des aveugles qui s'insurgeraient et prendraient les armes pour forcer l'édilité à augmenter le nombre des becs de gaz dans les rues, ne nous paraîtraient certainement pas plus insensés. Quand la bêtise humaine atteint de telles proportions, quand elle arrive à se traduire en d'aussi lugubres folies, — on se sent pris en vérité d'un écœurement profond et d'un immense sentiment de tristesse et d'humiliation.

Une des misères de notre pays, de tous ses malheurs un des plus grands peut-être, — nous ne craignons pas de l'affirmer, — ce sont les politiciens de la rue. Descendue des hauteurs où elle s'était tenue toujours, la politique a pénétré maintenant jusqu'aux derniers rangs de la société, et, comme une maladie devenue endémique, sévit partout, — dans l'humble bourgade aussi bien que dans nos grandes villes, — frappant indistinctement toutes les classes. Incalculables sont déjà les maux que nous lui devons, — plus grands encore ceux qu'elle nous réserve!

Nous ne demandons certes pas que le peuple se désintéresse absolument dans des questions où il est après tout en cause, — que, pareil à un troupeau docile, il se laisse stupidement conduire sans s'inquiéter du lieu où on le mène. Si nous le trouvons incapable de se diriger lui-même et ne lui accordons pas le degré d'intelligence nécessaire pour cela, ou, pour mieux dire, si nous trouvons son développement moral trop insuffisamment avancé encore pour que le soin de ses destinées puisse lui être abandonné sans danger, — nous sommes loin de lui refuser cependant toute intelligence et lui reconnaissons surtout un sens des plus droits, — ce que l'on est convenu d'appeler *le bon sens populaire*. Ce sens lorsqu'il n'a pas été perverti chez lui, le guide en effet avec une rare sûreté dans tout ce qui touche à ses intérêts ; avec non moins de certitude il l'avertit des pièges qui lui sont tendus, et lui fait juger plus sainement qu'on ne pourrait le croire les hommes qui le gouvernent. Aussi l'avons-nous vu, à toutes les époques de notre histoire, suivre d'un œil attentif les agissements de ses *conducteurs*, — pour nous servir de l'expression antique, — et quoique avec une certaine timidité, manifester par des murmures et des plaintes souvent, quelquefois même par des révoltes, l'improbation qu'il donnait à des actes portant atteinte à ses droits. A ces plaintes, à ces révoltes-là nous ne pouvons qu'applaudir. — Mais lorsque nous le voyons déserter le travail qui le fait vivre, rester sourd aux cris de ses enfants qui ont faim, pour s'en aller, dans les réunions publiques ou les conciliabules secrets, se jeter, tête baissée, à travers les questions les plus délicates, les plus difficiles de la politique, et les discuter, les résoudre, avec ce magistral aplomb qui n'appartient qu'à l'ignorance ou à la sottise, — nous nous sentons alors pris, pour lui, d'une pitié profonde, et, pour nous, d'un indicible sentiment d'effroi.

Et voilà cependant ce qu'on a fait du peuple ! Voilà où l'ont conduit toutes les déclamations démagogiques dont on le sature depuis cinquante ans, toutes les basses et niaises flatteries qui lui ont été prodiguées sans pudeur ! On tant crié à ses oreilles qu'il était le *maître*, *le seul véritable souverain*, — que c'était à lui de dicter les lois, à lui de prendre en main la conduite de ses affaires, — qu'il a fini par le croire, ce pauvre bon peuple ! et que c'est maintenant avec la plus parfaite conviction qu'il bourdonne bruyamment autour de l'attelage, très persuadé que sans lui le char ne pourrait marcher (1).

(1) L'étranger qui admire tant la richesse de notre sol, ne soupçonne peut-être pas jusqu'où va sa fertilité. Ce qu'il produit en effet avec le plus d'abondance, — une abondance qui tient même du prodige, — ce ne sont ni les céréales, ni le vin, comme on le croit généralement, — non, ce sont les *hommes d'Etat !* C'est merveilleux vraiment de voir comment chez nous ils poussent, — et sans la moindre culture encore ! Voilà ce que l'Europe aussi pourrait un peu nous envier, elle qui passe pour nous envier tant de choses.

Tandis que dans les autres pays les fortes têtes, les hommes capables de prendre la direction des affaires d'une nation sont rares et se comptent, — en France, dans l'impossibilité qu'il y aurait à les dénombrer, nous ne tenons compte que des incapables, des hommes sans talent, dénués de tout sens politique. Inutile de dire que c'est parmi ces derniers que se recrutent d'ordinaire les ministres.

Dans l'estaminet, dans l'atelier, aussi bien que dans les salons, — autour du comptoir du marchand de vin, comme au fond de la loge de nos concierges, — dans les rues, sur nos places, partout ce ne sont que gens aujourd'hui occupés et préoccupés, non point de leurs plaisirs, bien moins encore de leurs affaires, mais seulement... des affaires de l'Etat. Inhabiles le plus souvent à conduire leur modeste barque, ne voyant pas même ce qui est à leurs pieds, ces politiciens improvisés deviennent tous d'une effrayante perspicacité quand il s'agit de lire au-dessus de leur tête. Rien n'échappe à leur pénétration, et si les choses vont mal, cela ne saurait surprendre, — c'est qu'on s'obstine à ne pas suivre leurs conseils. — Ah ! bien coupables nos gouvernants !

C'est miracle de voir avec quelle dextérité, quelle aisance, dans notre fortuné pays, le premier venu, entre deux *bocks*, vous bâcle une constitution, et tout en digérant, équilibre un budget, trouve des milliards dans... la fumée de son cigare. Nous entendons à chaque instant répéter que la situation est des plus graves et que les pauvres ministres ne savent plus comment se tirer d'embarras ; — que n'appellent-ils donc à eux les jeunes bacheliers qui ont l'habitude d'apporter aux estimables feuilles de nos chefs-lieux le fruit de leur grande expérience et qui, dans les cas difficiles, ont toujours, sans hésitation et sur l'heure, bienveillamment tracé la marche à suivre, indiqué au *gouvernement* ce qu'il avait à faire? N'est-il pas vraiment bien extraordinaire que tous les gouvernements, — quels qu'ils soient, — aient à ce point la main malheureuse qu'ils tombent invariablement et toujours sur les seuls hommes incapables que notre pays possède, lorsqu'il n'aurait qu'à prendre au hasard, *dans le tas*, pour avoir des hommes politiques de première catégorie? Nous ne pouvons nous expliquer un pareil phénomène.

V

Si la France n'est pas républicaine, il s'en faut de beaucoup cependant que les républicains y manquent. Nous reconnaîtrons même qu'ils y sont en nombre considérable, si surtout on veut tenir pour républicain quiconque prend ce nom (injure que, pour notre compte, nous n'oserions faire au parti). Il ne sera donc pas sans intérêt et sans utilité de rechercher ici les divers éléments dont ce parti se compose. — En dégageant soigneusement par l'analyse le corps que nous voulons étudier de tous les alliages qu'il contient, — en ne nous laissant pas abuser par l'étiquette du sac, et en examinant d'un peu plus près le droit qu'on peut avoir au titre dont on se décore, — nous nous expliquerons sans peine peut-être cette apparente contradiction d'un pays que nous soutenons n'être point républicain, alors que nous convenons cependant que les hommes qui portent ce nom y fourmillent.

En tête du parti républicain nous devons naturellement placer et nous plaçons ces esprits distingués, ces hommes au cœur haut, aux idées généreuses, qui, frappés des vices et des misères de notre société, contristés par les souffrances qui se sont révélées à eux et révoltés par les abus de pouvoir dont ils ont été trop souvent témoins chez ceux à qui sont confiées les destinées des peuples, se sont pris à rêver pour nous la république, cet idéal des gouvernements humains. Impossible de ne pas rendre hommage et justice à la noblesse de leurs sentiments, à leur ardent amour du bien, à la parfaite pureté de leurs intentions. Que ces hommes se soient mépris sur le remède à apporter au mal qu'ils signalent, qu'ils aient, à poursuivre leur rêve et à caresser de généreuses illusions, trop perdu de vue le monde réel, un peu oublié et le temps dans lequel ils vivent et les hommes au milieu desquels ils sont, — c'est ce qu'il ne serait pas difficile de prouver sans doute, mais ce qu'il ne nous convient pas d'examiner en ce moment. Le danger d'ailleurs, pour nous, ne vient pas de ces hommes-là. Leur erreur aussi fût-elle plus grande encore que ce que nous croyons qu'elle est, que nous hésiterions à les condamner peut-être, tant est profond notre respect pour toute conviction, pour tout ce qui est sincère, pour tout ce qui est vrai.

Ces hommes, — il est inutile de le faire remarquer, — ne sont point ceux que nous voyons arriver au pouvoir quand la république triomphe. Sans ambition personnelle, ils se mettent peu en avant et laissent volontiers prendre par d'autres la place qui leur serait due. La république est pour eux une chose sérieuse, et ils rougiraient d'aller se faire payer en honneurs ce qu'ils ont fait pour elle, de paraître recevoir le prix de leur foi politique. Aussi ne les trouve-t-on jamais à la curée des places, et n'est-ce pas sans violence que l'on parvient quelquefois à les amener sur la scène.

Voilà pour nous les vrais républicains, — presque les seuls hommes dignes de porter un nom, que l'on a tristement laissé déshonorer aujourd'hui, en l'accordant indistinctement à tous ceux qui veulent le prendre. Le nombre en est malheureusement trop restreint! — Ces hommes représentent les philosophes, les sages du parti, — c'est-à-dire ceux qu'on n'écoute guère. Leur place aussi est-elle au conseil quelquefois, mais jamais au combat. Beaucoup d'entre eux se fussent même résignés sans peine à ne point voir le triomphe de la république et se fussent contentés de lui adresser en secret leur culte, plutôt que de la traîner aux aventures et de l'exposer à se compromettre dans des soulèvements populaires auxquels ils répugnent. Plus volontiers ils eussent laissé le temps faire son œuvre.

Ils savent trop en effet que ce qui s'établit par la violence ne peut se soutenir que par la force; que ce n'est ni par des surprises ni par des coups de main que les gouvernements se fondent. Ils savent encore que les hommes peuvent bien aider au mouvement des sociétés, favoriser leur développement et les seconder dans ce travail lent et pour ainsi dire latent qui doit les conduire à leurs fins, — mais qu'il n'appartient pas aux hommes et surtout à quelques hommes de les dévoyer, bien moins encore de les arrêter ou de précipiter leur marche. C'est par de violents retours en arrière que les sociétés protestent ordinairement contre ces courses vertigineuses que, malgré elles, on leur a quelquefois fait fournir.

L'influence des hommes sur leur époque est beaucoup moins grande qu'on ne se plaît généralement à le croire. Ce sont les circonstances qui font les hommes, bien plus que les hommes ne créent les circonstances. — Chaque chose arrive et doit arriver à son heure. Le propre du génie humain n'est point de devancer son temps, mais d'être avant tout de son temps. — Dans l'industrie, dans les arts, dans les sciences, que d'inventions, que de découvertes, que de travaux admirables n'ont obtenu que l'indifférence la plus profonde et quelquefois provoqué la risée des savants eux-mêmes pour s'être produits avant leur heure! Celui-ci est traité de fou aujourd'hui qui demain aurait été acclamé par la foule et salué comme un génie peut-être : son tort est seulement d'être venu trop tôt, de parler une langue qui ne peut être comprise encore, de voir clairement ce que les autres ne peuvent apercevoir.

Il est donc prudent de n'accepter qu'avec réserve les jugements portés sur ces hommes que l'on nous donne comme ayant eu une influence majeure sur leur siècle ou sur les destinées de leur pays, — comme ayant à leur gré dirigé la marche des événements et imprimé à une nation la direction qu'ils ont voulu. Pour nous, ces hommes n'ont eu d'autre supériorité que celle, assez grande déjà, d'avoir compris leur époque, d'en avoir admirablement étudié les tendances et les aspirations, et, au lieu de réprimer ses élans et d'opposer de vains obstacles à la marche irrésistible des choses, d'avoir su avec habileté se mettre en avant, d'avoir pris la tête du courant, pour ainsi dire, — paraissant conduire les événements, lorsqu'ils étaient au contraire poussés et emportés par eux.

L'œuvre civilisatrice ne saurait être l'œuvre d'un seul; — elle est l'œuvre de tous. L'honneur du progrès accompli et dont les générations actuelles recueillent les fruits, revient tout entier aux générations antérieures qui l'ont lentement et péniblement préparé. Nous le répéterons aussi, il n'est pas au pouvoir des hommes de détourner pour longtemps les sociétés des voies qu'elles suivent, et vouloir arracher brutalement un peuple à toutes les traditions de son passé, pour lui faire accomplir une évolution dont il ne peut comprendre encore ni la portée ni le but, — est la plus dangereuse comme la plus coupable des folies.

Toute révolution dans l'ordre moral a fatalement sa révolution correspondante dans l'ordre politique, a dit un philosophe éminent. C'est par les idées, en effet, et par les idées seules que s'opèrent véritablement les révolutions. — Malgré leur triomphe apparent, les républicains n'ont donc rien à espérer pour celle qu'ils poursuivent, tant qu'ils n'y auront pas de longue main préparé les masses, qu'ils ne les auront pas éclairées et montées à la hauteur du rôle qui leur est destiné. Depuis quatre-vingts ans, il est vrai, ils agissent sans relâche sur elles et vont semant leurs doctrines chez le peuple. Ils n'ont certes rien omis pour le convertir à ces doctrines et pour préparer la victoire. Mais devrait-il être question de victoires quand il s'agit de faire triompher une idée, une cause sainte? Et ces victoires, — qui impliquent l'idée de résistance, — ces victoires mêmes, si elles n'ont pas de lendemain, ne prouvent-elles pas que l'heure n'était pas venue encore? Pense-t-on que, pour faire l'éducation d'un peuple, des déclamations puissent suffire? que, par ce qu'on l'aura imprudemment excité contre le gouvernement établi et conduit à la révolte, on l'ait pour cela bien préparé à la république? L'erreur serait grossière. — Qu'on songe plutôt à le moraliser, à l'instruire, à faire pénétrer en lui les idées de justice, de saine liberté; et qu'on lui apprenne surtout à respecter les lois, et à se respecter lui-même!

Nul doute que la république, avec les hommes dont nous parlons, ne fût restée longtemps encore à l'état d'incubation. Ils se fussent sagement gardés, faisant violence à la nature, de hâter son éclosion par des moyens artificiels. Mais les jeunes, les militants sont là toujours qui poussent et pressent, déclarant l'heure propice, ne voulant plus attendre et traitant de pusillanimité, de faiblesse coupable, la prudence qu'on leur conseille. Ce sont eux qui naturellement finissent par l'emporter. — Ah! ce n'est point platoniquement, on peut nous en croire, que ceux-là aiment la république! S'ils se sont voués à son culte, s'ils étaient si impatients de voir arriver son règne, c'est qu'ils espéraient bien en être les grands prêtres, les pontifes.

VI

C'est dans le journalisme et le barreau que se recrutent en grande majorité les hommes les plus ardents et les plus audacieux du parti républicain.

En France, faire de l'opposition au gouvernement, attaquer les actes de ceux qui sont au pouvoir, n'est nullement une affaire de conviction et est très loin de prouver quelque chose. C'est le plus ordinairement une manière de se poser, de se mettre en évidence, — dans un pays surtout où les frondeurs sont aimés et où l'on éprouve un vif plaisir toujours à braver un peu les lois et à voir *rosser le commissaire.* C'est quelquefois encore un moyen comme un autre, plus efficace qu'un autre peut-être, d'attirer sur soi l'attention des ministres que l'on malmène si vertement chaque matin, et de les faire arriver à une *honnête* composition. Et puis, le vulgaire est si porté à accorder au critique et les vertus et les talents que ce dernier ne trouve jamais chez les autres, à prendre ses jugements pour des oracles et à tenir naturellement pour un homme d'une grande envergure, un homme supérieur à tous nos gouvernants, celui qui, avec tant d'assurance, relève leurs erreurs et leur fautes et qui les traite avec un si magnifique dédain! De là à regretter qu'une place n'ait point été donnée à cet homme dans la direction de nos affaires, il n'y a évidemment qu'un seul pas. Vienne une révolution... et ce pas pourrait bien être fait! — Le sage doit tout prévoir et être toujours prêt à tout. — L'opposition a donc, on le voit, des avantages qui ne sont point à mépriser et vaut bien quelquefois qu'on fasse taire sa conscience, — si tant est qu'elle éprouve le besoin d'élever la voix, — et qu'on mette dans la poche ses convictions, si par hasard on en a.

A ce jeu cependant insensiblement on s'exalte, et ce qui n'était au commencement que simple gymnastique de l'esprit, que plaisir de casser, à la façon des écoliers, quelques vitres aux fenêtres de nos pauvres ministres, de faire un peu de bruit et d'ameuter les passants, — finit par devenir une lutte sérieuse et quelquefois des plus passionnées. Il est aussi plus fréquent qu'on ne pense de voir des hommes que la nature avait faits pacifiques, et créés pour les joies calmes du foyer, devenir leurs propres dupes; — après s'être moqués les premiers des doctrines qu'ils soutiennent, arriver à y croire eux-mêmes, à se regarder comme des apôtres, et, — pour peu que le *pouvoir* leur ait fait la sanglante injure de ne point prendre garde à eux, — se convertir en républicains fougueux, en démocrates farouches.

Que de prétendues convictions politiques, mon Dieu! qui ne sont pas dues à des causes meilleures!

En attendant, l'influence que journalistes et avocats ont exercée et continuent à exercer, ne saurait être contestée par personne. Par leurs discours et leurs écrits ils ont préparé toutes les levées de boucliers et contribué le plus puissamment, on peut le dire, à faire pénétrer en France les idées républicaines.

Malgré leurs airs terribles et la fièvre de combat qui semble les dévorer, on voit peu les avocats dans la rue cependant aux jours de bataille; ils affectionnent davantage les balcons, d'où ils peuvent mieux adresser au peuple leurs belliqueuses harangues. — A défaut d'autre ressemblance avec Démosthène, leur grand modèle, ils ont du moins celle-là. — Ils ont trop la conscience d'ailleurs de ce qu'ils valent, des services qu'ils ont encore à rendre au pays, pour aller, — cela se conçoit, — exposer dans la mêlée une vie qui ne leur appartient plus après tout, *puisqu'ils l'ont vouée au peuple.* C'est à l'Hôtel de Ville qu'est leur place, et c'est là que peuvent être assurés de les trouver, — lorsque la fusillade a cessé, — ceux qui prétendent qu'ils se cachent.

On peut sans peine comprendre maintenant que les journalistes, ces hommes de lutte, vivant dans une atmosphère surchauffée, — toujours occupés à attaquer et à se défendre, — sans cesse entraînés hors des limites de leur camp par les défis de leurs adversaires, — forcés par les lois d'une inexorable logique d'accepter les conséquences les plus extrêmes de principes auxquels ils n'accordent peut-être qu'une foi médiocre, — rendus irritables par un secret mécontentement d'eux-mêmes, par ce malaise que souvent éprouvent ceux qui ne sont pas dans la vérité, — aigris par la contradiction, exaspérés par les piqûres que de tous côtés ils reçoivent, — dissimulant la faiblesse et la pauvreté de leurs arguments sous les violences du langage, et s'attachant d'autant plus opiniâtrement à une opinion qu'elle leur a valu plus de succès ou de blessures; — oui, on comprend que ces hommes, entrés dans l'arène en simples condottieri, en arrivent à prendre la querelle pour leur propre compte, à faire une cause personnelle de la cause qu'ils étaient seulement chargés de soutenir, et puissent finir par adopter, — beaucoup plus par amour-propre que par conviction, — des idées très éloignées de celles qu'ils avaient à leur point de départ. — Rien ne saurait donc moins surprendre que de trouver tant de républicains dans le journalisme.

Ce qui pourrait surprendre davantage, c'est de voir un nombre non moins grand d'avocats enrôlés sous la bannière républicaine. Il y a là en effet quelque chose qui, à première vue, paraît contrarier l'idée qu'on se fait en général d'une profession réservée, semble-t-il, aux hommes de paix et d'ordre, à des hommes recommandables par leur sagesse et leur prudence, armés à la fois du prestige de la science et de l'autorité de la vertu, — ennemis des bouleversements politiques, plus ennemis encore des luttes de la rue, — à des hommes enfin défenseurs nés des institutions et des lois.

Dans cet étonnement seul, que si souvent nous avons entendu manifester autour de nous, nous trouverions une fois de plus la preuve de ce que nous avons eu occasion de remarquer déjà et de soutenir, — que le mot de république est loin d'éveiller, dans notre pays, des idées d'ordre, de paix, de stabilité, de sécurité et de liberté même, si l'on prend ce mot dans sa véritable acception.

Quant à nous, cependant, — nous nous empressons de le déclarer, — nous ne voyons pas la moindre incompatibilité (qu'on nous passe le mot) entre le titre d'avocat et celui de républicain. L'un ne saurait évidemment exclure l'autre. Nous dirons plus, — il n'y a pas de profession peut-être qui, autant que celle de l'avocat, dispose l'esprit à l'opposition et le prépare mieux à accepter les doctrines les plus hardies de nos modernes réformateurs.

Ayant sous les yeux sans cesse l'affligeant spectacle des

misères morales les plus grandes, ne voyant de l'humanité que ses défaillances, que ses côtés honteux, que ses vices et ses turpitudes, — l'imagination toujours frappée par les plaintes et les cris de révolte qui s'élèvent autour de lui, — l'avocat peut bien en arriver un jour à se demander si ceux qui les poussent ont si grand tort, si la société, telle qu'elle est organisée, n'est pas le seul et vrai coupable, celui dont il conviendrait de préférence d'instruire le procès. Dans les malheureux qu'il est appelé à défendre, il est conduit à ne plus voir bientôt que d'intéressantes victimes d'un ordre social vicieux, à trouver que le mal ne vient pas d'en bas, mais d'en haut, et que, avec une répartition plus équitable des richesses, en accordant à l'individu une somme plus grande de libertés, — la somme à laquelle il a droit après tout, — on le moraliserait certainement, on le relèverait dans sa dignité, et la société n'aurait plus à se défendre tristement, comme aujourd'hui, contre les insultes et les attaques incessantes de ses propres enfants, plus à trembler devant leur audace, à frémir devant le nombre toujours croissant des crimes les plus hideux, — et n'aurait plus aussi à s'armer de lois redoutables pour les punir.

Nous connaissons tous ce thème-là et savons toutes les variations qui s'exécutent là-dessus. Rien de bien neuf assurément, et rien aussi qui n'ait été refuté déjà. Il serait toutefois difficile de méconnaître qu'il y ait dans toutes ces théories humanitaires, un côté capable de séduire des hommes à imagination vive. Nous avons vu même plus d'une fois de grands esprits s'y laisser prendre.

Si l'avocat ne parvient pas toujours à convaincre les autres, il lui arrive en revanche souvent de devenir sa propre dupe, d'être pour ainsi dire pris au piège de son éloquence. Il finit par croire aux arguments qu'il n'avait apportés que pour les besoins de la cause, et, la contradiction aidant, par adopter des idées qui étaient loin d'abord de ses convictions personnelles, — idées auxquelles il avait simplement demandé des effets oratoires. Ce phénomène est moins rare qu'on ne pense, — nous l'avons, plus haut, signalé déjà chez les journalistes.

Engagé dès lors sur cette voie, il ne reviendra point en arrière, il ira jusqu'au bout et poussera jusqu'aux dernières conséquences le principe auquel il vient de s'attacher. Cette *liberté*, cette *égalité* qu'il rêve pour ses semblables, si la république ne nous les a jamais données, c'est elle seule du moins qui toujours nous les a promises, en y ajoutant généreusement la *fraternité* encore. — Un avocat nécessairement se pique de logique : rien de plus naturel aussi que de le voir accorder ses préférences au gouvernement qui doit ramener l'âge d'or sur la terre et qui, de plus, — chose qui vaut d'être prise en considération, — a si grand besoin d'hommes exercés à la parole...

Dès ce moment il est, on peut le dire, acquis à la république. Que si surtout il est jeune, ambitieux, s'il a quelque talent et a, ce dont on ne saurait douter, le sentiment de sa valeur ; — si ses aspirations n'ont pu jusqu'à ce jour trouver à se satisfaire, — si pour lui la vie a été difficile et dure, semée de mécomptes et d'ennuis ; — si, par-dessus tout, enfin, il a reçu quelques-unes de ces douloureuses blessures d'amour-propre qui chez certaines natures ne se cicatrisent jamais et laissent l'âme ulcérée, le cœur chargé de fiel, — oh ! on peut en être assuré, notre vieille société n'aura pas d'adversaire plus acharné, et la cause républicaine pas de plus ardent défenseur.

Il doit, au premier abord, sembler assez étrange que des hommes qui ont l'habitude du raisonnement et voient de si près l'humanité avec ses erreurs, ses vices et toutes ses misères, — que des hommes que les illusions devraient si peu visiter, — auxquels l'étude de l'histoire a appris à se méfier de ces transformations soudaines, de ces régénérations amenées par la force, des brusques changements de route imposés aux sociétés, — que ces hommes, disons-nous, puissent aussi facilement se laisser égarer et emporter en des rêves chimériques. N'oublions pas toutefois que ces hommes, que nous nous plaisons trop à regarder comme planant au-dessus des passions humaines, sont généralement des plus impressionnables, et que leur imagination, toujours en travail, est souvent encore surexcitée, exaltée par la nature même de leurs occupations; — que ces hommes appelés à faire entrer la conviction dans l'esprit des autres, doivent, suivant le vieux précepte des rhétoriques, se montrer au moins convaincus eux-mêmes, — et nous aurons moins de difficulté à concevoir que, séduits par les idées généreuses qu'ils développent, ils en arrivent souvent à s'éprendre de ces mêmes idées. Mais ce que nous ne devons pas oublier, surtout, c'est que, — à une époque où le talent de la parole est si fort estimé qu'il dispense presque de tous les autres, — où toutes les hautes positions à peu près sont occupées par des hommes sortis du barreau, — l'ambition est permise même aux plus humbles. — De même que tout soldat, autrefois, pensait avoir un bâton de maréchal dans sa giberne, — il n'est aujourd'hui pas d'avocat peut-être qui n'espère échanger un jour sa modeste serviette contre un riche portefeuille de ministre. Eh, mon Dieu! à voir la consommation d'hommes d'État que fait la république, cet espoir-là n'a plus rien d'excessif; nous sommes même très porté à croire que si contre toutes nos prévisions la république, telle qu'on nous la prépare, pouvait durer, — il est peu d'avocats qui arriveraient à la vieillesse sans avoir été quelque peu ministres.

On le voit, rien n'est donc moins surprenant que de rencontrer tant d'avocats dans les rangs du parti républicain. Aux raisons que nous venons de donner, il nous serait certes facile d'en ajouter d'autres; nous croyons toutefois inutile d'insister davantage sur ce sujet.

Quant à cette masse énorme d'avocats vulgairement connus sous le nom d'*avocats sans causes*, nous n'avons point voulu en parler ici. Il va de soi que ceux-là sont et doivent être en effet pour la république, — la république seule pouvant les arracher à leur obscurité.

VII

Une chose qui nous avait toujours frappé et bien souvent diverti, c'est, — alors que la France *gémissait* encore sous le régime monarchique, — l'air de supériorité qu'affectaient les républicains en général, mais plus particulièrement les républicains de province. Nous ne pouvons aussi nous empêcher de consigner, en passant, ce souvenir qui ne laisse pas que d'avoir sa signification.

On eût dit à voir et à entendre les républicains de ces temps-là, qu'ils étaient d'une essence différente de la nôtre. C'est à peine s'ils dissimulaient la pitié que nous leur inspirions, le mépris même dans lequel ils nous tenaient. Ils semblaient, comme les sapeurs du régiment, marcher en avant de tous, et, comme eux, étaient persuadés que nous devions nous estimer bien heureux de ce qu'ils daignaient, avec leur barbe et leur hache, nous ouvrir le chemin. Le mot de liberté, dans leur bouche, avait quelque chose de formidable. Ce mot, — qui est le fond de la langue des républicains, — prenait une telle ampleur, était prononcé avec une si sauvage énergie et des airs si terribles qu'il ressemblait à une menace beaucoup plus qu'à une promesse. Ils avaient encore, quand ils parlaient des *tyrans* des intonations particulières et qui donnaient froid... au cou; — et puis, des hochements de tête mystérieux, des phrases pleines de réticences, des paroles obscures, ambiguës comme celle des pythonisses antiques, qui remplissaient de trouble et d'effroi le cœur de ceux qui les écoutaient. Comment ces hommes n'auraient-ils pas été redoutés!

Et qu'ils marquaient bien la distance qui les séparait de nous! qu'ils savaient nous prouver de combien nous étions au-dessous d'eux, lorsque, en se regorgeant et en enflant leur voix, ils se déclaraient appartenir au *parti avancé!* Au parti avancé! Mais dans quel parti alors nous rangeaient-ils, nous autres?... Hélas on ne le devine que trop.

On en était arrivé, au temps dont nous parlons, à faire une pose du républicanisme. Cela ne pouvait manquer dans un pays comme le nôtre et dans un siècle où la pose est partout, — où on la trouve au village aussi bien qu'à la ville, — où elle est un des signes le plus manifestes de l'affaiblissement moral de notre société. On a donc posé pour le *républicain*, comme on a posé, il y a quarante ans, pour le *légitimiste*.

C'est dans les petites villes surtout que se pouvait bien comprendre toute l'importance du titre de républicain. Il constituait là presque une position sociale et entourait celui qui le portait d'une sorte de prestige. Ses concitoyens étaient aussi pleins d'égards et de respect pour l'individu décoré de ce titre. A la façon seule dont on vous disait, — en vous désignant un homme qui passait, — « c'est un républicain », — vous deviniez que cet homme était redouté et qu'on ne se fût guère hasardé à le braver. L'homme qui passait, avait, de son côté, pleine conscience de l'effet produit, on le voyait; il ne dédaignait même pas d'abuser un peu, au besoin, de ses airs terribles, d'exploiter la peur qu'il inspirait. Il avait naturellement des admirateurs, des flatteurs, comme en ont toujours ceux à la puissance desquels on croit, ceux surtout que l'on craint. Chacun s'efforçait de rester avec lui dans les meilleurs termes. Plus encore peut-être qu'il ne s'en doutait lui-même, il était l'objet constant de l'attention de ceux qui l'entouraient; ses paroles étaient pour ses concitoyens autant d'oracles, et le moindre de ses gestes avait une signification. Paraissait-il satisfait, souriait-il, — on se prenait à trembler. Se montrait-il sombre, préoccupé au contraire, — tout bas on se réjouissait, en se disant que le danger était loin. C'est qu'on était convaincu que notre républicain, pareil aux membres des sociétés secrètes, recevait par des voies mystérieuses avis de tout ce qui se faisait ou devait se faire, — qu'il était initié à tous les complots et n'ignorait rien de ce qui se tramait en haut lieu. C'était le baromètre politique de son endroit, — comme eût dit Courier, — baromètre que les bonnes gens consultaient naïvement, et interrogeaient avec une certaine anxiété.

On nous accusera très probablement encore de nous être laissé aller à l'exagération, à la fantaisie même, dans le petit tableau que nous venons d'esquisser. Eh bien, que ceux qui, sous la monarchie de Juillet ou sous l'empire, ont eu occasion d'étudier d'un peu près la province, — que ceux surtout qui ont habité des petites villes, disent si notre peinture est chargée : c'est à ceux-là que nous en appelons.

Quant à la conclusion à tirer de là, elle est trop facile à trouver pour qu'il soit seulement nécessaire de l'indiquer au lecteur.

Mais revenons au dénombrement que nous avons entrepris de faire, et que cette petite digression ne nous a point fait perdre de vue.

A côté des avocats et des journalistes se range tout naturellement, dans la milice républicaine, *la bouillante jeunesse des écoles.*

A cet âge heureux où nous ne doutons de rien et où, du haut de nos vingt ans, nous jugeons la société, à qui si fièrement nous envoyons nos mépris et nos menaces ; — où avec une magnifique assurance, nous décidons toutes les questions et délivrons, sans hésitation, à tous nos hommes d'État des brevets de haute incapacité, *d'ineptie*, pour nous servir d'un mot de la langue du jour; — où les illustrations consacrées ne trouvent pas toujours grâce devant nous, et où nous sommes loin de nous incliner devant toutes les gloires ; — oui, à cet âge si heureux où la vie en nous déborde, — où nous nous targuons de croire à peu de chose, il est vrai, mais où, par compensation, nous croyons si prodigieusement en nous, — où le bruit nous est nécessaire, où nous ne cherchons que plaies à faire, que bosses à recevoir, — pourrait-on en vérité ne pas être républicain ?

Notre éducation nous a merveilleusement préparés d'ailleurs à recevoir les théories républicaines les plus hardies, les plus *avancées.* Nous ne sommes plus des catéchumènes, au sortir du collège, — nous sommes des néophytes déjà, et, même, quelque chose de plus. Quand on a passé dix ans de sa vie avec les Grecs et les Romains, — qu'on a fréquenté les républicains les plus austères, les plus farouches, — qu'on a chassé les Tarquins et les Décemvirs, — vécu en société intime avec les Gracques et reçu la confidence de tous leurs projets ; —

quand on a eu l'honneur d'accompagner Brutus se rendant au Sénat pour y assassiner César, et qu'on a assisté, impassible, à la mort de cet homme qui avait, — ô infamie! — conçu le noir dessein d'asservir la république; — quand, enfin, on a, *dans la noble langue que parlait Cicéron*, commis tant de discours remarquables par leur véhémence non moins que par les barbarismes dont nous les émaillions, — c'est bien le moins qu'il en reste quelque chose! bien le moins, on en conviendra, que les leçons de nos professeurs aient porté quelques fruits, et que nous ne nous débarrassions pas sans peine d'une opinion qui nous a coûté tant d'ennuis, valu tant de mémorables pensums, mais à laquelle aussi se rattache le souvenir de nos premiers triomphes!

Et qui donc, après tout, n'a pas été un peu républicain dans sa vie? — Nous l'avons été, mon Dieu! nous aussi, comme tout le monde. — C'est une fièvre à laquelle tous les hommes à peu près, — ceux surtout élevés dans les collèges universitaires, — doivent payer leur tribut; — fièvre qui s'attaque particulièrement, nous venons de le voir, aux jeunes gens de dix-huit à vingt-cinq ans, et qui n'est pas absolument dangereuse. Venue avec la moustache, elle s'en va le plus ordinairement quand le sens pratique de la vie, quand la connaissance des hommes et des choses nous arrivent. En voyant les républicains de près, en les voyant surtout à l'œuvre, nous avons été, quant à nous, radicalement guéri. Nous eussions pu parfaitement nous appliquer ce mot d'un député à M. Ledru-Rollin, le précurseur de M. Gambetta : « J'étais républicain la veille, — le lendemain je ne l'étais plus. »

Mais il y a, en France, d'autres républicains, encore

que ceux que nous venons de nommer. Reste le gros de l'armée dont la composition serait longue et assez triste à étudier. Nous nous contenterons de la passer rapidement en revue.

Sont fatalement répnblicains, d'abord les déclassés, — tous ces hommes qui ont pour habitude de rendre la société et le *gouvernement* responsables de leurs vices ou de leur malechance ; qui, — au lieu de s'en prendre à eux-mêmes, s'ils n'ont pu se faire une place honorable dans la vie, — trouvent plus commode de s'en prendre à ceux qui gouvernent. A les entendre, le monde va mal, tous marche de travers et est à refaire. Qu'ils soient lotis, et tout ira bien, vous pouvez en être sûrs.

Sont ensuite républicains et nécessairement républicains, tous ces ouvriers, fléaux de nos grandes villes, que le cabaret voit bien plus souvent que l'atelier, — ces ouvriers grands parleurs, pouvant discourir sur tous les sujets, mais dont les belles théories sociales se résument en définitive à peu près à ceci — *« être nourri par la patrie, et n'avoir plus à travailler »*. Leur ambition ne va pas au delà, — pour le moment. Ces deux points obtenus, ils se déclareront satisfaits et espèrent que nous le serons aussi. Comment pourraient-ils en douter ? Il faudrait que nous eussions l'esprit bien mal fait vraiment pour ne pas applaudir à un arrangement aussi simple et aussi aimable, à un ordre social aussi parfait. Mais chacun s'empressera de se faire ouvrier, au contraire.

Vient enfin cette tourbe immense d'individus échappant à tout classement, ce monde innommé qui vit et grouille dans les sous-sols de notre société, — cet horrible mélange, ce composé hideux dont l'analyse aurait peine à nous donner les éléments ; — viennent tous ces hommes qui peuplent l'estaminet et les bouges sordides, qui se pressent aux réunions publiques et les font retentir de leurs vociférations, — cette longue chaîne, en un mot, qui va de l'étudiant de quinzième année jusqu'au repris de justice.

C'est à regret, on peut nous en croire, que nous laissons à de tels hommes le nom de républicain dont ils se décorent effrontément et qu'ils ne peuvent que salir : — ces êtres ne sauraient avoir d'opinion, et moins encore appartenir à un parti quelconque. S'ils sont toujours prêts à acclamer la république et à s'armer pour elle, c'est que, par elle, ils espèrent ramener ces tristes jours, où, dans la cité fumante et ensanglantée, ils deviennent les maîtres et peuvent enfin satisfaire leurs horribles appétits, assouvir les haines dont leur poitrine est gonflée. Ils n'en grossissent pas moins le nombre de ceux qui réclament la république, et, derrière la barricade comme auprès de l'urne électorale, leur concours n'est malheureusement point méprisé.

Voilà, si nous ne nous trompons, rangés dans leurs vraies catégories, tous ceux dont se compose, en France, nous ne dirons pas le parti républicain, — ce mot nous paraîtrait ici plus que jamais impropre, — mais ce que nous appellerons l'armée républicaine, — encore que cette expression ne rende qu'imparfaitement notre pensée.

Un certain nombre d'hommes à conviction sincère, — un plus grand nombre de conviction douteuse ou, pour dire plus juste, sans conviction. Beaucoup d'ambitieux, — beaucoup plus encore de brouillons et de sots ; — et puis, le *servum pecus*, la soldatesque obligée, celle dont les services, indispensables à la cause, ne permettent pas d'examiner de trop près la valeur morale. — Pour nous résumer mieux, — d'un côté, les malins, — de l'autre, les niais. Ceux qui prennent les places, — et ceux qui reçoivent les coups. — Toujours la même vieille histoire, on le voit! Au peuple cependant de décider si ce fraternel partage continue ou non à lui convenir.

Que l'homme change peu quoi qu'en disent les philosophes! Et quel cruel démenti est chaque jour donné à toutes ces thèses plus ou moins savantes, soutenues en faveur de la perfectibilité humaine! Tel en effet nous avons connu l'homme, en le suivant à travers les âges, — tel nous le voyons encore aujourd'hui. C'est avec les mêmes passions, les mêmes vices, le même égoïsme que partout et toujours nous le retrouvons. C'est que ce n'est ni par des institutions ni par des lois ni même par l'instruction la plus haute que le cœur humain peut être amélioré, — nous venons, dans nos dernières luttes, d'en acquérir la triste preuve! Croire, avec un philosophe du siècle dernier (1), que de bonnes lois suffisent pour moraliser un peuple, équivaudrait à prétendre que les vertus nous viennent des règlements de police. Etrange morale dont la France peut, à l'heure qu'il est, bien apprécier les fruits!

(1) Destutt, de Tracy. *Exposé des moyens de fonder la morale d'un peuple.*

VIII

Le dénombrement que nous venons de faire, la revue que nous avons passée de tous ceux qui, dans notre pays, se rangent sous la bannière républicaine, n'aura pas été sans utilité pour nous. En nous montrant une armée redoutable par le nombre autant que par l'audace, cette revue nous aura en même temps mis à l'abri des exagérations dangereuses et prouvé le tort qu'il y aurait à se laisser étourdir par les clameurs qui partent de ce camp. Il serait puéril en effet de prendre pour les aspirations du pays le bruit qui se fait là en faveur de la république. Ce n'est même pas dans les bulletins de vote, — les républicains savent mieux que nous encore ce qu'ils valent! — que nous voulons aller chercher l'opinion vraie de la nation. Que, bien plutôt, on parcoure la France, qu'on interroge les hommes de toutes les classes, les habitants des campagnes aussi bien que ceux des villes, — qu'on aille surprendre et étudier l'esprit public là où il se trouve véritablement, où il peut encore échapper aux pressions diverses exercées sur lui, — et la conclusion que l'on rapportera, nous en avons la conviction profonde, sera que la France peut bien devenir un jour républicaine, mais qu'elle est loin de l'être encore.

Devant une pareille certitude acquise, que feraient cependant les républicains, — eux qui sans cesse nous parlent de leur respect pour la volonté nationale, et reconnaissent au peuple le droit de se donner le gouvernement qu'il lui plaît d'avoir? C'est la question qui naturellement se pose ici, — ce que bien des gens se demandent. — Ce que feraient les républicains? Mais ce qu'ils ont fait jusqu'ici, — ce que font ordinairement ceux qui ne veulent pas entendre. Pour si peu penserait-on les embarrasser?

En admettant même qu'il existât un moyen *sûr*, *irrécusable* de constater l'opinion du pays, — que l'on eût des chiffres indéniables à leur apporter, — croit-on qu'ils consentiraient pour cela à se rendre à l'évidence? Ce serait mal les connaître. Les mille organes dont ils disposent font d'ailleurs un si beau tapage et entretiennent partout une telle surexcitation, qu'il faut perdre tout espoir de parvenir à se faire entendre d'eux. Ils ont de plus tant d'ingénieux moyens de forcer le peuple à adopter *librement* le gouvernement qu'ils lui proposent, que, sans nul étonnement, nous les verrions opposer à nos chiffres, bien vite, d'autres chiffres plus décisifs encore.

Non, n'espérons point les voir renoncer ainsi à la république! Ils n'en ont pas préparé avec tant de soins, et durant tant d'années, l'avènement, pour permettre à de grossiers paysans, à de stupides bourgeois de venir souffler sur leur rêve au moment où il allait se réaliser, — de venir insolemment leur retirer le siège sur lequel ils allaient s'asseoir. Car ce qu'ils aiment dans la république, ce qu'ils doivent et veulent y trouver, c'est « leur bien, *premièrement*, et puis..... le bien d'autrui », si pour le bien d'autrui, par hasard, il y a place!

Pour rester fidèle toutefois à l'impartialité que nous

nous sommes promise, nous devons convenir que c'est là, à peu de chose près, l'histoire de tous les partis. La politique qui malheureusement se fait aujourd'hui en France, est toute résumée dans cette phrase un peu triviale que tout le monde connaît : « Ote-toi de là que je m'y mette. » — Encore si tous ces hommes qui se disputent ainsi le pouvoir ne le recherchaient avec tant de passion que conduits par un noble patriotisme, par un ardent besoin de se dévouer à leur pays ! Mais au pays, qui donc y songe ? Qui s'en inquiète sérieusement?... Notre représentation nationale est-elle autre chose qu'une arène où les partis viennent se mesurer, échanger des accusations, des menaces et jusqu'à des injures, et, sur notre dos, se livrer de tristes et déplorables combats? Chacun songe à soi, rien qu'à soi. Pas d'autre préocupation que celle de sortir de la foule, de se pousser en avant, d'arriver aux premières dignités de l'État, s'il se peut. L'orateur qui monte à la tribune subordonne maintenant toutes les questions aux intérêts du parti auquel il tient, et a bien plus souci de l'effet qu'il va produire que du coup qu'il va porter peut-être à des institutions qui faisaient l'honneur et la gloire de la France. On ne s'arrête pas, en république, devant d'aussi minces considérations. Faire un beau discours, un discours qui arrachera des cris d'enthousiasme demain à tous les électeurs, ces maîtres si ombrageux, si exigeants, si difficiles, et auxquels il faut plaire avant tout, — un discours que le télégraphe portera aux quatre coins de l'Europe, qui aura du retentissement, *produira de l'effet*, — tout est là en France. On n'arrive plus à la notoriété, à la célébrité, de nos jours, que par la parole : aussi quand nous demanpons à nos ministres d'agir, quand nous réclamons des actes, sont-ce des discours que le plus souvent ils nous donnent.

Ce cas « de la nation se prononçant contre la république », dont nous avons parlé tout à l'heure et par lequel on espérait mettre les républicains dans un si bel embarras, ne pouvait manquer d'être prévu par eux. Aussi la religion républicaine, — qui ne se pique nullement d'être immuable, mais qui marche au contraire, se transforme et se complète chaque jour, — s'est-elle enrichie, pour les besoins de la cause, de dogmes nouveaux, en ces derniers temps. Après la monarchie *de droit divin* que messieurs les républicains ont toujours repoussée avec tant de mépris, dont ils se sont si longtemps et si fort moqués, — nous allons en effet avoir maintenant la république *de droit divin.*

Et qu'on ne pense pas que nous voulions railler ici, — jamais nous n'avons parlé plus sérieusement. Si le mot *divin*, il est vrai, n'a pas été prononcé, c'est qu'il jurerait trop dans la bouche ou sous la plume de ceux qui se font gloire de ne pas croire à Dieu, — mais le mot importe peu, l'idée n'en va pas moins là.

D'après certains apôtres de cette religion, la république n'est plus une chose d'institution humaine, quelque chose qui puisse se discuter, que l'on ait le droit de repousser ou d'admettre; — non, la république est une chose sainte qui plane au-dessus de nous, hors de la portée de nos attaques ; elle est au-dessus des lois que peuvent faire les hommes, au-dessus même du suffrage des nations; — elle est le droit par excellence, le droit supérieur à tous les droits. Elle est dans l'essence même des sociétés, naît avec elles, mais ne peut mourir, et leur survit, quand elles tombent, comme l'âme survit au corps (ceci pour ceux, bien entendu, qui daignent concéder l'immortalité de l'âme !). Elle est enfin inhérente à elles, comme les idées de liberté, de justice sont inhérentes au cœur de l'homme. Or il n'est personne qui ne sache que l'on peut bien, pour un temps plus au moins long, comprimer ces idées, les pervertir, les réduire même au silence le plus absolu, — si l'expression nous est permise, — mais qu'il n'est au pouvoir de qui que ce soit de les détruire, parce qu'elles sont éternelles.

Eh bien, ne refusons pas notre admiration à messieurs les républicains, — ils la méritent pleinement. Impossible de se tirer avec plus d'habileté d'un cas difficile ! — Pauvres gens, qui d'avance vous réjouissiez de les voir piteusement se débattre, les pieds pris dans leurs propres pièges, — qu'en dites-vous ? Allez, ils savent plus d'un tour !

En attendant, voilà, par ce coup de maître, la république mise désormais hors de nos atteintes. Qui se serait attendu pourtant à la voir quitter tout à coup la terre pour s'élever jusqu'aux plus hauts sommets de la philosophie ? Nous croyions avoir simplement affaire à un système politique, et brusquement nous nous trouvons en présence de la plus subtile, de la plus éthérée des métaphysiques ! Qu'on nous pardonne notre ébahissement : nous devons être un peu comme Balaam, lorsqu'il entendit parler son âne.

Mais à quoi bon maintenant interroger le pays ? Bien humblement nous nous permettrons de le demander. La question n'est elle pas toute jugée ! — Si la nation veut la république, — elle l'aura ; et si elle ne la veut pas !..... elle l'aura tout de même. Comme la petite doctrine dont nous venons de parler aura cependant simplifié les choses !

Poursuivons tant bien que mal toutefois la tâche que nous avons entreprise, — restons sur le terrain que nous avons choisi, et, sans chercher à suivre la république au sein des nuages, continuons à l'étudier dans ses actes.

IX

Nous avons surabondamment prouvé déjà, nous osons l'espérer, que nous ne confondions point la république avec les républicains, — pas plus que nous n'avons jamais confondu la religion avec les ministres qui la servent, — et quelquefois la desservent. Nous avons de plus établi une distinction essentielle entre les républicains vrais et convaincus et ceux qui prennent ce nom pour cacher ou pour motiver d'ardentes et coupables ambitions. Nous n'avons guère dissimulé le peu de goût que nous avons pour ces derniers ; — le moment est venu de nous expliquer mieux sur leur compte.

Il n'est personne en France, qui ne convienne aujourd'hui que la république n'a jamais eu de pires ennemis que les républicains. Ce sont les républicains seuls qui ont fait échouer en effet tous les essais qui jusqu'ici ont été faits de cette forme de gouvernement ; c'est aux républicains seuls que revient encore l'honneur de cet éloignement que, dans notre pays, tant de gens éprouvent pour la république (1).

(1) Mais, — va-t-on s'écrier avec un méprisant haussement d'épaules, — était-ce donc sur les monarchistes qu'il fallait compter pour fonder la république ? Etait-ce leur concours qu'il fallait attendre pour la faire réussir ? » — Pour la fonder ? Assurément,

N'allons pas chercher nos preuves trop loin ; — ne parlons pas, si l'on veut, de la première république, de cette époque dont nous ne saurions méconnaître la grandeur, mais dont les hideux excès, les sinistres extravagances et les crimes sans nom, n'auront pas peu contribué à faire de la république un objet de terreur pour nos populations ; — prenons les faits plus près de nous.

Nous en appelons à la bonne foi de tous, — qu'on nous dise si les hommes du 4 septembre, aussi bien que ceux de 48, — bien plus encore que ces derniers, — n'ont pas fait tout ce qu'il y avait précisément à faire pour rendre la république odieuse, impossible, pour la tuer, en un mot ! — Cette liberté dont ils parlaient tant, comment l'ont-ils comprise, comment l'ont-ils appliquée ? De quelle manière ont-ils tenu leurs pompeuses promesses ? — Le peuple, — puisque ce n'est jamais que pour lui que nos révolutionnaires, ces hommes d'un dé-

non. — Pour la faire réussir ? Peut-être. Nous démontrerons plus loin que, si la république vit encore, elle le doit surtout à la bonne fortune qu'elle a eue de tomber, à sa naissance, entre les mains d'hommes qui certes ne pouvaient guère être pris pour de bien grands républicains.

Mais ce n'est point là au reste ce que nous avons voulu dire. — Il est certainement peu probable que des monarchistes eussent jamais pu songer à établir la république chez nous ; les républicains aussi ont-ils prudemment fait de ne point compter sur eux pour cette besogne. Chacun doit, en ce monde, se renfermer dans sa spécialité, rester dans son rôle. Les monarchistes sont pour faire des monarchies, et les républicains, des républiques. Cela va de soi. — De ce que les républicains cependant sont parvenus à nous imposer la république, s'ensuit-il qu'ils aient l'habileté, le talent de nous rallier à elle, — qu'ils sachent nous la faire aimer ? Qu'ils aient surtout les qualités indispensables pour assurer sa durée ?... On nous accordera bien que du premier fait ne découle pas nécessairement le second, et que l'accusation que nous faisons peser sur eux n'est donc point tant absurde.

sintéressement si admirable, travaillent, — le peuple se trouve-t-il par hasard plus heureux qu'il ne s'était sous le régime déchu ? La nation a-t-elle gagné quelque chose en force, en grandeur, en prestige, en liberté même ? — Osons le dire, la seule supériorité que nos hommes d'État républicains aient sur ceux qu'ils ont remplacés, — supériorité qu'on ne peut leur contester, par exemple, — c'est d'avoir, en bien moins de temps qu'eux, accumulé les fautes, les inepties, les excès du pouvoir les plus inqualifiables, les actes de despotisme les plus inouïs. Quel gouvernement aussi n'eût été accueilli avec bonheur après le ridicule gouvernement de M. Ledru-Rollin ? Qui n'avait hâte d'en finir avec cette espèce de carnaval auquel nous assistions, avec ces prêches faits aux ouvriers dans le palais du Luxembourg, avec toutes les comédies de la rue et les preuves d'incapacité chaque jour données par des gouvernants de contrebande ? — On maudit Napoléon III aujourd'hui, on lui prodigue les exécrations ; — à qui la France le doit-elle cependant, si ce n'est aux hommes de 48 ? La première république nous valut le premier empire ; — la république de Février, le second. Après l'anarchie, le despotisme, — c'est la loi fatale des réactions. — Que nous vaudra la troisième république?... Dieu seul peut le savoir. Espérons toutefois que nous en avons fini avec les empires !

Admirables et sans rivaux quand il s'agit de renverser, de détruire, les républicains, en revanche, n'ont jamais rien su édifier, rien su mettre à la place de ce qu'ils ont abattu. Dès que tout est à terre, qu'ils ont de tous côtés promené leur aveugle fureur, — changeant, bouleversant, désorganisant tout et s'en prenant à la fois aux hommes et aux choses ; dès qu'ils ont effacé jusqu'à la dernière trace du gouvernement dont ils viennent de faire *justice, au nom du peuple ;* — quand enfin ils ont fait table rase et que rien ne leur fait plus ombrage, — une certaine hésitation semble alors s'emparer d'eux. Ces hommes si hardis perdent tout à coup leur fière assurance, se troublent et, n'ayant plus rien à proscrire, plus rien à anathématiser, se sentent pris de vagues inquiétudes en face des ruines qu'ils ont faites.

Le pays est là cependant qui les regarde et attend avec une anxieuse curiosité ce qui va se passer. Il est impatient de les voir à l'œuvre, de savoir comment ils vont tenir les magnifiques promesses qu'ils lui ont prodiguées, exécuter ce séduisant programme dont ils font si grand bruit, qu'ils produisent avec tant d'emphase. — Pauvre pays, il ne se doute pas que ces fameux hommes d'État, que ces terribles démolisseurs ne sont pas moins désireux que lui de le savoir ! Ah ! qu'il serait le bien venu en ce moment celui qui pourrait le leur apprendre !

Pour gagner du temps, toutefois, une proclamation est adressée au peuple, — une de ces proclamations à mots sonores comme les républicains seuls savent les faire. — On remarquera que c'est toujours à la proclamation qu'ils recourent dans les moments difficiles. Des proclamations et des discours, — voilà bien le plus clair de leur bagage politique.

Le peuple lit la proclamation. Son enthousiasme aussitôt remonte de quelques degrés. Il pousse des *hurras* frénétiques et paraît satisfait de ses chefs. — Tout va jusqu'ici pour le mieux dans la plus mauvaise des républiques.

Mais l'effet d'une proclamation dure peu. Le peuple attend toujours ; il s'impatiente et laisse même percer un certain mécontentement. Ce peuple est décidément bien difficile. — Que pourrait-on bien lui donner pour apaiser ses inquiétudes et obtenir de lui un peu de répit?... Eh! naturellement une proclamation encore, puisqu'il les aime, — et qu'il n'y a, dans l'arsenal républicain, guère autre chose à lui offrir.

Nouvelle proclamation alors, plus emphatique, plus riche encore en phrases creuses que la précédente. Tous les tiroirs de l'orgue républicain ont été tirés cette fois, — jamais ronflement pareil. — « Le peuple est prévenu qu'on va se mettre à l'œuvre et travailler sans retard à son bonheur..... On l'invite donc à la confiance, au calme, et on l'engage, en attendant les jours meilleurs qu'on lui a promis et le travail qui doit lui donner du pain, à rester enfermé dans *sa dignité républicaine.* » Quel bon préservatif contre le froid et la faim! — Puis on termine en lui révélant « l'épouvantable état dans lequel *l'infâme* gouvernement que l'on vient de renverser a laissé les finances, et en lui faisant pressentir.... une légère augmentation dans les impôts. Mais on compte sur le patriotisme du peuple, dans le cas (plus que probable) où de nouveaux sacrifices lui seraient demandés. Et vive la république!!!... »

Cette proclamation, nous devons le dire, laisse le peuple absolument froid. La perspective d'une augmentation d'impôts le rend rêveur et jette un peu de désordre dans ses idées. Ce n'était nullement ainsi qu'il avait compris la république.

C'est à ce moment que nos tristes gouvernants, pris de malaise devant l'attitude presque hostile de ce peuple, se décident enfin à se mettre à la besogne. L'imminence du danger leur a fait retrouver toute leur ardeur, — on va apprendre à les connaître.

Une activité dévorante maintenant les possède. Les décrets succèdent aux décrets. — Le peuple souffre, le peuple a faim? — qu'il attende, son tour viendra; mais il est des questions plus pressantes que la sienne. — Les provinces se plaignent de la désorganisation de tous les services, — le commerce ne reprend pas... Belle affaire! Pense-t-on que des chefs d'Etat aient à ne s'occuper que du commerce et des provinces? Il est des satisfactions qu'il faut, avant tout, donner *au pays;* il est de réformes qui priment toutes les autres. Vite, que l'on efface ces noms malsonnants, — ces noms qui rappellent trop un régime abhorré, — qui se lisent au coin d'un si grand nombre de nos rues, et qu'on les remplace par des noms qui ne puissent plus offenser les regards des républicains; — que toutes les statues des tyrans soient renversées, dépecées et vendues aux enchères; — que la noble devise républicaine soit inscrite au fronton de tous les monuments et de tous les édifices publics; — que sur toutes les places des arbres de la liberté soient plantés; que partout enfin les gardes nationales soient rétablies! — La garde nationale, cette milice si chère aux républicains! cette gloire de notre France, cette institution que *l'Europe nous envie* (mais qu'elle se garde bien de nous prendre!), — cette vaillante milice citoyenne, si *respectée* au dedans, si *redoutée* au dehors, et qui doit désormais remplacer les armées permanentes, dont l'inutilité et le danger ne sont plus un secret pour personne! Brave garde nationale à qui nous abandonnons avec la plus entière confiance le soin de maintenir l'ordre dans le pays, et qui ne laissera jamais, nous en sommes sûrs, l'ennemi souiller le sol de la république! qu'on lui donne donc des armes (en attendant qu'on les lui reprenne)!

Mais voici des délégations qui demandent à saluer les membres du gouvernement. Qu'on ouvre les portes, —

le peuple est ici chez lui et ne doit pas faire antichambre!

Et comme les décrets, les délégations vont maintenant se succéder : délégations d'ouvriers menuisiers, d'ouvriers forgerons, d'ouvriers en tout genre; — délégations de dames de la halle, de faubouriens, de paveurs et de dépaveurs de rue; — délégations de collégiens, délégations, en un mot, de tous ceux qui veulent se déléguer, qui éprouvent le besoin de recevoir une petite ondée d'éloquence républicaine. Et les discours de pleuvoir en effet sur tous nos bons délégués! Et la prose républicaine de tomber drue et serrée sur leur tête! — Pourraient-ils, en conscience, ne pas être contents et ne pas trouver que ces hommes, — qui les ont si gracieusement accueillis et leur ont adressé de si flatteuses et si belles paroles, — étaient seuls vraiment capables de prendre en mains nos destinées et d'assurer le bonheur du pays?

Que volontiers on verrait ici nos zélés gouvernants faire halte un instant et reprendre haleine. Tant de nobles et écrasants travaux nous semblent avoir dû épuiser leurs forces. Mais non, la fatigue n'a point prise sur ces hommes; ils sont lancés maintenant, ils ne s'arrêteront plus. — Les départements, il est vrai, sont sans préfets encore, — les administrations, sans chefs, — les tribunaux, sans magistrats, — les villes, sans police, — la vie sociale est comme suspendue, arrêtée, — le pays murmure. Allons, il n'y a plus une minute à perdre, il faut envoyer au pays ce qu'il réclame.

Une liste est aussitôt dressée de ceux auxquels pourront être confiés tous les postes, tous les emplois vacants. Cette liste, bi n entendu, ne comprend que des républicains, et des républicains encore qui ont fait leurs preuves! Ne sont pas admis à y figurer les messieurs du lendemain, pas même ceux de la veille. Point de néo-républicains, — rien que des purs, des républicains de vieille souche, pouvant produire des quartiers au besoin, — des républicains avant la lettre si faire se peut! Il importe de montrer à la province des échantillons qui lui donnent une haute idée de la république.

C'est à ce moment que journalistes et avocats vont entrer en scène. Pas plus les uns que les autres ils n'ont, pour les emplois qui vont leur être confiés, les connaissances que ces emplois exigent, — pas plus les uns que les autres ils ne savent le premier mot des choses administratives ; — c'est à grand peine même que la plupart d'entre eux pourraient seulement définir la nature des fonctions dont on va les investir et se rendre compte des devoirs que ces fonctions imposent. — Détails ridicules, et auxquels de pauvres esprits peuvent seuls s'arrêter! Bon pour la monarchie d'avoir eu des idées aussi étroites, aussi surannées, — d'avoir niaisement cru qu'il était besoin de s'y connaître en administration pour administrer bien, — indispensable d'avoir fait une étude sérieuse des lois, pour les appliquer et les faire respecter. La république, qui va du composé au simple n'a pas besoin de tant de choses : elle s'est débarrassée aussi de tous ces vieux préjugés, de tous ces errements monarchiques. Ce qu'il lui faut à elle, c'est, avant tout, *de bons républicains* sachant mettre à la raison ceux qui s'aviseraient de ne pas l'être. Savoir crier et faire crier « vive la république ! », c'est tout ce qu'elle demande à ses fonctionnaires.

Une fois encore, on va nous accuser sans doute de nous être laissé aller ici à la fantaisie et d'avoir, en écrivant les pages qu'on vient de lire, voulu jeter du ridicule sur la république. — Que le ridicule y soit, — nous ne le nions pas ; ce n'est pas nous du moins qui l'y avons mis. — Cette triste comédie que nous venons d'esquisser, c'est de l'histoire et une histoire qui est vivante encore dans les souvenirs de beaucoup de nos lecteurs. Parmi ceux qui ont vu tomber la monarchie de Juillet, il n'est, croyons-nous, personne qui ait pu oublier les faits et gestes des fameux commissaires du gouvernement provisoire de 48, et nous sommes sûr, qu'il serait tout aussi difficile d'oublier jamais les proconsuls envoyés à la province par la délégation de Tours, d'humiliante mémoire.

X

Ah ! le pouvoir est une terrible pierre de touche ! Bien peu d'hommes sortent triomphants de cette redoutable épreuve, — et le plus souvent nous ne trouvons plus qu'un plomb vil, qu'un métal sans valeur, là où nous avions cru rencontrer l'or le plus pur. Que tous ces hommes en effet qui, naguère, nous semblaient si grands, de si large envergure, dont nous admirions la puissance et la force, et dont chaque parole avait, dans le pays, un si immense retentissement, — que ces hommes, hélas ! nous ont paru petits et misérables, dès qu'ils sont parvenus à ce faîte tant envié, ce faîte objet de leur constante convoitise ! N'ayant plus maintenant la ressource des beaux discours, et forcés de renoncer à la phrase pour aborder enfin le terrain si ardu de la pratique, ils se révèlent à nous dans toute leur pauvreté, et nous affligent en nous offrant le spectacle d'une incapacité que nous n'eussions jamais osé soupçonner aussi grande.

Eux si clairvoyants, si habiles, quand il s'agissait de découvrir les fautes des autres, d'indiquer au gouvernement déchu ce qu'il eût dû faire, la voie qu'il eût dû suivre ; — eux dont le coup d'œil était si prompt et si sûr, et en qui l'on eût volontiers reconnu des pilotes expérimentés autant que hardis, — les voilà qui, lorsque le gouvernail est entre leurs mains, se troublent et laissent voir les plus déplorables indécisions. Comme des marins sur une mer inconnue, ils hésitent, perdent un temps précieux en tâtonnements pleins de danger, multiplient les fausses manœuvres, fatiguent le navire, en compromettent à chaque instant le salut, — et finissent par rentrer dans le sillage de celui qui vient de se perdre, et dont ils avaient si hautement condamné la route...

Ce qu'ils reprochaient avec tant d'acrimonie et de violence au gouvernement d'hier, ils le font en effet eux-mêmes aujourd'hui : ils mettent soigneusement leurs pieds maintenant sur la trace de ses pas, — soit qu'ils craignent trop de s'égarer en quittant le chemin battu, — soit encore que, du sommet où ils se trouvent, les choses leur apparaissent bien différentes de ce qu'ils les avaient jugées, — ou que le pouvoir déjà ait éteint leur fougue et dissipé beaucoup de leurs illusions.

Qu'ils ont perdu, en ce moment, de leur superbe assurance, ces censeurs austères qui, sans pitié, flagellaient si bien les pauvres ministres du gouvernement impérial ! Comme leur voix maintenant s'est faite humble, presque timide ! En présence des plus terribles problèmes (problèmes dont la solution ne leur paraît plus aussi facile à cette heure), — sous l'œil du pays qui demain pourrait leur demander des comptes sévères, — pressés, harcelés de toutes parts, — ayant à se défendre autant contre leurs amis que contre leurs ennemis, — plus d'un d'entre eux, tournant mélancoliquement ses yeux du côté de la porte, a, tout bas, répété peut-être le mot si connu d'Arnal, dans un vaudeville célèbre. Mais ne s'en va pas qui veut, quand on a derrière soi tout un peuple qui vient de se lever à votre voix, qui ne vous quitte pas

4

du regard, et qui impérieusement exige l'exécution des promesses qui lui ont été faites !

Navrant spectacle en vérité que celui de ces hommes se débattant alors dans leur impuissance, cherchant de tous côtés des issues qu'ils ne trouvent pas, et faisant maintenant appel à la modération, à la patience de ce peuple, auquel si durement ils reprochaient naguère sa longanimité et sa lâche torpeur. Après avoir imprudemment réveillé le lion, ils ont peur de lui à cette heure et voudraient bien le rendormir. Insensés, que nous n'aurions garde de plaindre, si le sort de toute une nation, n'était lié à leur folie !

C'est dans les vieilles traditions aussi, dans tous les errements du passé que nous allons les voir chercher leur voie. C'est à ces mêmes erreurs, si souvent et si violemment condamnées par eux, qu'ils vont revenir, — à ces mêmes expédients de tous les gouvernements flétris par eux qu'ils vont recourir bientôt. Car, ainsi que l'a si justement dit un de nos écrivains les plus spirituels et les plus sensés : — « *En France, plus ça change, et plus c'est la même chose* » !...

On peut être un parfait avocat, un orateur remarquable, un légiste même des plus érudits, des plus éminents, et n'être cependant qu'un fort méchant ministre, qu'un homme d'État déplorable. Personne, certes, qui n'en convienne. La chose est même d'une telle évidence, qu'il peut sembler puéril de l'énoncer seulement. — Eh bien ! moins puéril peut-être qu'on ne pense, car les faits sont là pour témoigner que nous ne sommes point pénétrés de cette vérité autant que nous le prétendons. Malgré les cruelles leçons que l'expérience nous a déjà données, il ne nous est nullement prouvé que le titre *d'avocat* ait beaucoup perdu jusqu'ici du prestige que nos luttes parlementaires lui ont valu, et que, pour le peuple surtout, il ne soit encore un titre qui place celui qui le possède au-dessus des autres hommes, — un titre qui l'impressionne toujours et lui inspire un sentiment empreint à la fois d'admiration, de respect et de crainte. Nous nous récririons en effet, et bien fort, si, d'un simple employé des finances, un chef d'État faisait un ministre de la marine ; — d'un négociant, un ministre de la guerre, et, quels que fussent les talents de ces hommes, nous nous refuserions obstinément à leur accorder les qualités, les aptitudes et les connaissances spéciales que ces hautes positions exigent. Mais qu'il soit question de confier les portefeuilles dont nous parlons à des avocats, — loin de songer à nous révolter, à nous demander comment l'étude du droit peut rendre apte à des postes qui plus que tous les autres veulent des hommes spéciaux, — nous resterons rassurés et applaudirons peut-être même à un choix pareil. C'est que l'homme capable de discourir sur toutes choses, de parler sur quelque sujet que ce soit, — sur celui qu'il ne connaît pas, aussi abondamment que sur celui qu'il connaît, — nous semble devoir être propre à tout, pouvoir prétendre à tout, et n'être nulle part déplacé. Ah ! nous sommes beaucoup plus naïfs que nous ne voulons le paraître. Les beaux parleurs dont nous croyons nous méfier si bien, — les grandes phrases, dont nous savons si agréablement nous moquer à l'occasion, — exerceront toujours sur nous une séduction à laquelle nous nous laisserons constamment prendre. Pour nous consoler, nous nous appelons *Athéniens ;* ne serions-nous pas quelque peu *Béotiens*, plutôt?

Nous ne sommes certes point de ceux que l'esprit de parti égare et rend injustes, et qui tristement essayent, dans l'intérêt de leur cause, d'amoindrir des hommes qui furent l'honneur du pays, — quand encore ils ne vont pas jusqu'à nier les droits qu'ils ont à notre admiration. C'est respectueusement au contraire que nous nous inclinerons toujours devant ces grands orateurs, ces maîtres de la parole, — la gloire de notre barreau et de nos assemblées parlementaires, — dont la France à si juste titre s'enorgueillit. On ne nous accusera donc pas, nous aimons à l'espérer, de les confondre ici avec ceux que nous désignons sous le nom *d'avocats.* Autant les premiers auront en effet contribué à la grandeur, à la puissance de notre pays, autant ceux-ci lui auront fait du mal. Mais par ce mot d'avocat, — il est temps d'expliquer mieux notre pensée, — nous ne voulons point entendre ceux qui sont en possession du diplôme que les facultés de droit délivrent ou qui font du barreau leur carrière ; — c'est dans un sens beaucoup plus général, plus étendu que nous prenons ce mot. Ceux que nous visons surtout et dont nous ne constatons pas sans effroi la déplorable influence, — ce sont ces hommes qui, de notre temps, font abus si grand de la parole, qui ont mis le discours à la place de l'action, et que l'on trouve partout et toujours discourant, pérorant et dogmatisant, — abordant audacieusement toutes les questions, et, s'ils ne peuvent les résoudre, les noyant du moins sous les flots de leur éloquence ; — ces hommes, dont la conviction nous est plus que suspecte, — qui, cherchant bien moins à persuader qu'à séduire, défendent aujourd'hui ce qu'hier ils attaquaient et condamnaient, qui ont des phrases pompeuses, des accents émus, même pour les causes les plus détestables. — C'est la maladie dont nous voyons notre époque travaillée qui excite avant tout nos craintes ; — c'est l'envahissement de nos affaires publiques par les rhéteurs qui par-dessus tout nous attriste et remplit notre âme d'inquiétude. Car un État où les rhéteurs dominent est, nous ne craignons pas de l'affirmer, un État en voie de décadence. L'histoire est là pour l'apprendre à ceux qui en douteraient. Pas de dissolvant plus rapide et plus sûr à introduire dans une nation ! Nous estimons aussi comme le dernier des malheurs pour notre pays de lui voir abandonner à des avocats la direction de ses affaires.

L'incapacité profonde dont ont fait preuve les hommes du 4 septembre devrait être pour nous d'un haut enseignement. Nous ne savons en vérité ce qu'il faut le plus admirer ici, de leur audace et de leur inqualifiable présomption ou de la facilité de la France à accepter les hommes sur parole, de sa docilité à se prêter aux entreprises les plus insensées de tous les ambitieux.

Il n'entre pas dans notre sujet de faire l'historique du gouvernement qui se substitua à l'empire sous le nom de gouvernement de la Défense, pas plus que celui de la célèbre délégation de Tours. Il serait difficile d'ailleurs de le faire en ce moment avec toute l'impartialité nécessaire. Laissons les documents se produire, toutes les pièces arriver pour ce procès que l'histoire instruit et que bientôt elle aura à juger. C'est elle qui nous dira si c'était bien le moyen de sauver la France que de jeter une question politique dans ses jambes, au moment où elle se levait pour repousser l'invasion ; — si c'était faire acte de patriotisme, preuve d'intelligence seulement, que de bouleverser, de désorganiser tous les services publics, de diviser les esprits, — à l'heure précisément où plus que jamais nous aurions eu besoin de l'union la plus étroite et d'une administration éprouvée. Elle nous dira encore si notre pays peut et doit être constamment et toujours à la merci des ambitieux qui aspirent à la gouverner. Il faut avoir en soi quelque chose de plus que ce qu'avaient les hommes du 4 septembre pour accepter avec tant d'assurance d'aussi redoutables responsabilités ; pour oser, sans la moindre hésitation, se charger de l'honneur et des destinées d'un grand pays, à l'heure terrible où nous nous trouvions, — et cela, sans y avoir été conviés, sans avoir seulement consulté la nation ! Les acclamations, il est vrai, ne leur ont point manqué, et ils ont eu, pour rassurer leur conscience, les frénétiques applaudissements des faubouriens et des voyous de la capitale. Avec la bonne volonté qu'on leur sait, cela ne pouvait-il pas être pris pour la voix du peuple, pour la sanction donnée par le pays !

Nous connaissons tout ce qui a été invoqué en faveur des membres du gouvernement de la Défense, tout ce qui a été répondu déjà aux nombreuses et sévères accusations portées contre eux ; rien, à notre avis, ne saurait les justifier. Ce fut sans doute une chose habile de leur part que le nom qu'ils se donnèrent, — mais ce titre ne parut plus qu'un titre hypocrite par le fait seul de la proclamation de la république. De quel droit la question était-elle donc ainsi préjugée par eux? Ne pouvaient-ils attendre du moins la fin de la guerre pour nous présenter leur drapeau? Qu'on voulût échapper à une régence qui eût trop semblé réserver les droits du prisonnier de Sedan, de celui dont on ne voulait plus, nous le comprendrions encore. L'empire était d'ailleurs tombé pour ne plus se relever, car la France jamais ne lui pardonnera les désastres et la honte qu'elle doit à sa coupable imprévoyance. Mais ne pouvait-on vraiment sortir de là que par la république? Il y avait une Chambre, envoyée par la nation et qui, chargée de la représenter, pouvait au besoin s'engager pour elle ; — ne pouvait-on l'inviter à nommer elle-même une commission exécutive, à la tête de laquelle aurait été placé un homme de haute expérience, celui, par exemple, à qui on a cru devoir recourir plus tard? On fût du moins resté dans la légalité, et le pays, comprenant mieux ce pouvoir issu de la représentation nationale, n'eût point songé à le discuter. L'Europe elle-même eût été forcée de le reconnaître et lui eût montré moins de raideur et de défiance qu'elle n'en a montré au gouvernement de la Défense. On a beau s'évertuer à expliquer le 4 septembre, il restera toujours, dans l'esprit général, comme un tour hardiment et habilement exécuté, si *l'on veut*, mais qui n'en sera pas moins un véritable tour d'escamotage.

Il ne serait pas impossible cependant que les républicains aient cru la république capable de sauver la France. Leurs illusions sur elle vont si loin, et la vertu qu'ils lui attribuent est si grande, qu'il n'est sans doute, dans leur pensée, pas de miracle qu'elle ne puisse accomplir. Ne les avons-nous pas entendus aussi, au lendemain de nos premiers revers, déjà crier que tout était perdu « si l'on ne proclamait pas la république ». La république! une arme autrement puissante et d'une bien autre portée que le canon Krupp! — « Oui, disaient-ils avec une magnifique assurance, elle seule peut relever la France, lui rendre la vigueur et l'énergie que l'empire lui a enlevées. Qu'elle nous soit donnée, et l'on verra les armées sortir de terre, la victoire revenir au drapeau, et les Prussiens éperdus regagner précipitamment leurs tanières....... et malheur à l'Europe ! malheur à tous ces monarques stupides qui nous regardent là-bas les bras croisés, — ajoutaient-ils avec un redoublement d'animation et d'un accent prophétique, — malheur à ceux qui dissimulent si mal la joie que leur ont apportée nos défaites ! sur eux nous *lancerons* la république, et vous verrez tous ces trônes vermoulus sauter en l'air, comme sautent des bastions sous le coup d'une mine. »

Quel admirable pétard en vérité nous avions là ! — Nous l'avons eue cependant, leur république, — et elle ne nous a guère sauvés ! Nous ignorons si les armées qu'elle fit surgir sortaient de terre, — mais elles ne nous semblaient pas valoir beaucoup mieux pour cela. Quant à l'effet produit par sa proclamation, en Europe, — nous le connaissons aussi. Nous en sommes à attendre encore cette fameuse explosion qu'on nous avait annoncée, cette dernière pièce du feu d'artifice qui devait nous montrer, au milieu d'un nuage de fumée, trônes et rois s'en allant dans la direction de la lune. Leur poudre, paraît-il, était éventée.

Nous sommes de notre temps, plus que ne nous feront sans doute l'honneur de le croire certains de nos lecteurs, et ne marchons point en aveugle au milieu des événements qui se passent autour de nous. Depuis de longues années nous suivons avec trop d'attention le travail qui s'opère dans les sociétés modernes, pour ne pas comprendre cependant qu'une transformation, qu'une révolution même est inévitable et prochaine peut-être chez la plupart des Etats européens. Que le jour ne soit donc pas éloigné où les vieux trônes seront ébranlés et renversés même, que le flot démocratique, qui lentement et incessamment monte, ne finisse par submerger la plupart des monarchies, comme il a déjà submergé la nôtre, — c'est ce que nous ne songeons point à nier aussi. Nous ne nierons pas davantage la contagion des idées, et savons, pour l'avoir constaté de près, combien sont vaines les barrières, combien sont dérisoires les mesures auxquelles le plus autocrate des souverains recourut pour défendre ses États contre leur invasion. C'est donc sans étonnement que nous verrions, dans un temps plus ou moins rapproché, la république s'établir en Italie, en Allemagne, en Espagne et même en Russie, quelque jour. La république est peut-être une des phases, — nous avons failli dire une des crises, — que les peuples ont à traverser. Dans l'état actuel de notre civilisation toutefois, nous ne croyons nullement à sa durée, — pas plus chez les autres nations que chez nous. Un fleuve, nous dira-t-on, jamais ne retourne en arrière. Nous le savons. Mais un fleuve débordé rentre et doit rentrer tôt ou tard dans son lit. On aurait donc tort de compter comme des conquêtes du fleuve les terrains que ses eaux ont envahis et un instant occupés. Quoi qu'il en soit et quoi qu'il doive arriver, ce dont nous sommes plus convaincu encore, c'est que nos divers essais de république doivent être loin d'encourager les autres pays à suivre notre exemple. Nous doutons fort surtout que l'Europe puisse nous envier beaucoup la liberté telle que nos républicains la comprennent.

Quels comptes terribles, en attendant, n'auraient pas été demandés, dans tout autre pays que le nôtre, aux hommes du 4 septembre !! — Mais en France, ils peuvent être tranquilles (et, rendons-leur cette justice, ils le sont), on n'y a pas songé, on n'y songera pas. Notre nation est par excellence celle qui accepte le mieux les faits accomplis, — celle encore qui oublie le plus facilement ; — qui a des pardons pour toutes les erreurs, des circonstances atténuantes pour tous les crimes. Ils peuvent donc marcher la tête haute comme devant, et être assurés qu'il se trouvera toujours des départements qui tiendront à honneur de leur donner leurs suffrages. Ce ne sera certainement pas notre faute, s'ils ne se prennent pour des héros et ne se croient pas les plus grands hommes de notre temps.

XI

On aura certes peu épargné les accusations et les injures à l'empire. Les petites feuilles départementales, renchérissant comme toujours sur les grands journaux, en sont même venues à un véritable débordement, capable de donner à l'étranger, s'il les lisait, la plus déplorable idée des mœurs et du langage républicains. Nous ne doutons pas toutefois qu'on en arrive, — quand l'apaisement se sera fait dans les esprits, — à le juger d'une manière et plus équitable et plus digne. Ne venons-nous pas de dire que le ressentiment dure peu dans le cœur des Français ! Il restera d'ailleurs assez de choses encore à la charge de l'empire, sans qu'il soit besoin de le calomnier bassement. Rendons à César ce qui appatient à César, mais ne lui donnons pas cependant plus qu'il ne lui revient.

On ne cesse de répéter que c'est l'empire qui a conduit la France à ce degré d'abaissement, d'avilissement où la guerre l'a trouvée. Allons ! sachons au moins en convenir, la France y a mis beaucoup du sien : elle s'est assez bien prêtée à se laisser corrompre. L'empire n'a certainement guère fait pour la moraliser, mais ne serait-il pas plus exact de soutenir qu'elle n'eût jamais eu à le subir peut-être, si elle n'eût été profondément démoralisée déjà. Il faut avoir le courage de la vérité, et comme l'a dit un jour M. Guizot, ne flatter personne, pas même son pays.

Quels reproches d'ailleurs la république oserait-elle adresser aujourd'hui à l'empire? Ne nous a-t-elle pas prouvé qu'elle n'a besoin, elle, que de quelques mois pour atteindre et dépasser même le chiffre de toutes les fautes, de tous les odieux abus de pouvoir qu'il a mis dix-huit ans à commettre? Quel préfet de l'empire, en le choisissant parmi les plus incapables, si l'on veut, — ne valait mieux encore que ces écrivains, ces journalistes, que tous ces hommes en un mot que la délégation de Tours envoya terroriser nos grandes villes? — Nous entendons encore les journaux *avancés* de la province s'écrier, d'un ton lamentable, après chaque désastre : « Et voilà ce que nous valent dix-huit années d'empire! » Si nos pauvres mobiles dépensaient trop d'enthousiasme à se replier, — si les mobilisés du Midi déployaient une rare ardeur à ne pas s'organiser, ou s'obstinaient à vouloir surveiller les côtes de leur Méditerranée, pour repousser l'invasion qui pourrait venir par ce chemin, — si des francs-tireurs ne pouvaient se résoudre à quitter des villes dont ils se savaient le plus bel ornement, et où, du matin au soir (et même du soir au matin), ils promenaient leurs mines farouches, leurs grands sabres et les plumes de coq de leurs chapeaux calabrais, — c'était l'empire, toujours l'empire qui en était cause. Dix-huit années d'empire! En faut-il tant pour avachir un peuple!

Nous mettons cependant au défi messieurs les journalistes de trouver dans les dix-huit années d'empire autant d'actes d'illégalité, d'arbitraire, autant d'attentats à la liberté individuelle, autant de faits enfin du plus révoltant despotisme, que ce qu'en ont commis, en quelques mois, les tristes proconsuls dont nous parlions tout à l'heure. — On en était, dans certaines villes, au point de désirer presque la venue des Prussiens, pour échapper aux folies de la rue et en finir avec les tyrans au petit pied. — Pourrait-on dire davantage !

Une des choses pour lesquelles on a le plus souvent et le plus vivement attaqué l'empire, c'est l'argent improductivement dépensé par lui. Ses dilapidations et les gros traitements donnés à ceux qui le servaient, nous ont valu déjà un nombre considérable de vertueuses tirades, d'éloquents réquisitoires, et ont servi de thème aux plus édifiants sermons, dans la presse républicaine. — Nous sommes assurément très loin de vouloir nous constituer ici le défenseur d'un régime que nous n'avons jamais aimé; autant que personne nous ressentons de l'indignation pour ces honteux trafics que nous avons vus sous Napoléon III, pour cet agiotage effréné, pour toutes ces affaires d'une moralité plus que douteuse auxquelles se trouvaient mêlé quelquefois le nom des hommes les plus considérables, pour ce scandaleux gaspillage enfin qui s'y est souvent fait des deniers publics; mais par amour de la justice, nous désirerions qu'il nous fût aussi donné un compte *exact* de tous les millions engloutis pendant la guerre. Nous avons l'idée qu'une enquête sévère là-dessus, — si elle était possible ! et si le pays avait le courage de l'exiger, — amènerait de piquantes et très instructives révélations.

Quant au désintéressement de nos austères républicains, nous le connaissons : ils nous en ont, en ces derniers temps, donné la mesure. Ils n'ont pour les gros traitements, qu'on daigne le croire, pas la moindre répugnance. Qu'on nous cite, — si l'on en doutait, — parmi les hauts et puissants fonctionnaires nommés par la délégation de Tours, ceux qui ont fait abandon d'une partie quelconque du traitement affecté à la place qu'ils occupaient! L'occasion cependant était belle pour eux de se poser en vieux Romains, et de sacrifier un peu sur *l'autel de la patrie* (style républicain). Mais, fi donc! ils ne tombent pas dans de pareils enfantillages. Les gros traitements d'ailleurs ne les scandalisent si fort que lorsqu'ils vont à d'autres.

Et maintenant arrivons à une question que tant de gens se posent encore. Est-ce bien à la république que doit incomber la responsabilité de nos derniers désastres, ainsi que beaucoup le veulent. Sans hésitation nous répondons que non. — De même que nous repoussons comme odieuses et souverainement injustes certaines accusations portées contre l'empire, de même aussi ne voulons-nous pas qu'il soit mis au compte de la république des charges qui reviennent de droit à celui-là. Tout ce qu'il est permis de soutenir, c'est que, si elle n'est point la cause de nos revers, elle a du moins contribué à les aggraver en désorganisant le pays, en s'occupant beaucoup plus d'elle-même que de la défense. L'humiliation de nos armes, l'abaissement même de la France semblaient en effet devenues choses secondaires aux yeux de nos grands politiciens, à côté du but qu'ils poursuivaient. Quelle magnifique compensation à apporter à nos défaites que d'assurer le triomphe de la république!... Et voilà pourquoi la république nous a presque donné le droit de lui faire partager avec l'empire la lourde responsabilité de nos malheurs. Mais ce serait aller évidemment trop loin que de dire qu'elle nous a perdus, que de *prétendre* surtout que la France eût pu se sauver si l'empire fût resté debout. Que si la continuation de la guerre, après la capitulation de Metz, a été une folie, ce fut du moins une folie sublime, que nous n'avons pas, quant à nous, le courage de condamner. Avec quel cœur nous serions prêt au contraire à pardonner aux républicains, s'ils n'avaient que des folies pareilles à leur passif !

Nous avons trop souvent nommé la délégation de Tours, — qui, pendant toute la durée de la guerre à peu près, fut, hélas ! le seul gouvernement qu'eut la France, — pour que nous puissions éviter plus longtemps de parler de celui qui en fut et la tête et le bras. On peut dire même que cette pauvre et vénérable délégation fut tout entière absorbée par le jeune et fougueux avocat qui, un beau jour, lui tomba du ciel. A peine était-il arrivé, que les Crémieux, les Glais-Bizoin et les Fourichon passèrent au rang de comparses. Il ne fut, dès ce moment, pas plus question d'eux que s'ils n'avaient jamais existé : le nom seul de M. Gambetta fut dans toutes les bouches, comme au bas de toutes les proclamations et de presque tous les décrets. M. Gambetta fut un instant pour la France, le brin d'herbe auquel s'accroche le malheureux sur le point de se noyer. Mais il ne fut que le brin d'herbe ! Il eût fallu autre chose pour la sauver ! !...

Malgré les fautes nombreuses et pas mal d'actes passablement autocratiques du jeune député de Marseille, malgré même ses choix malheureux dans les proconsuls dont il nous dota, — nous ne pouvons nous résoudre à nous joindre à ceux qui frappent, en ce moment, sans pitié sur lui. Nous serions, au contraire, assez disposé à lui pardonner beaucoup, en faveur du patriotisme vrai qu'il montra un instant, et de l'activité et de l'énergie incontestables qu'il déploya pour la défense. Il est à regretter peut-être, et pour lui et pour nous, que laissant de côté toute question politique, il n'ait pas fait de la défense du pays son unique objectif, et que surtout il n'ait moins méprisé les conseils de ceux dont la vieille expérience eût pu lui être si utile.

Mais, homme à imagination ardente, M. Gambetta n'a malheureusement pas tardé à perdre le sentiment exact de la réalité. Investi d'un pouvoir sans limites, — qu'il tenait à peu près de lui-même et que personne ne songea cependant à lui contester, — il ne pouvait échapper aux dangereuses ivresses qu'un pareil pouvoir procure, — et n'y échappa point. Il prit tout à fait au sérieux son rôle de dictateur et le joua avec une conviction parfaite, avec des allures même de Padischah, qui eussent bien pu déjà, il nous le semble, mettre les républicains un peu en défiance. — Le vertige bientôt le gagna. — Il se crut appelé à remplir peut-être une de ces missions, que de loin en loin, la Providence destine à un homme, — à sauver son pays, à fonder définitivement la république, et, qui sait!... Il peut passer tant de choses dans une tête méridionale arrivée à un certain degré d'échauffement!!!

Venu en ballon, M. Gambetta a, depuis, continué de se voir se balançant dans les régions supérieures et planant au-dessus des vulgaires mortels. Son œil a fidèlement gardé les proportions réduites dans lesquelles les objets terrestres lui étaient apparus de ces hauteurs. Il n'a aussi plus cessé de voir les hommes sous ses pieds, et si petits! qu'il s'est pris, lui, de bonne foi, pour un géant.

Arrivé à Tours, il fit comme avait fait Bonaparte lorsqu'il fut nommé consul; — sans s'inquiéter de ses collègues, il s'empara sans façon du fauteuil de président, et bientôt de tous les pouvoirs. Tout républicain qu'il est, nous soupçonnons fort M. Gambetta d'avoir pris le héros des Pyramides pour son modèle, d'avoir beaucoup trop rêvé de lui. — Enfin, il crut à son génie, peut-être aussi à son *son étoile*. Pourquoi, mon Dieu! lui refuserions-nous une étoile, après tout? Le ciel en compte assez pour qu'on puisse sans danger en laisser prendre une à tous ceux qui en veulent. — Mais, au lieu de rester simplement avocat, M. Gambetta voulut jouer à l'homme de guerre, — et se perdit. Le malheur est qu'il nous perdit du même coup.

M. Gambetta n'a point, comme M. Jules Favre, frappé sa poitrine et demandé pardon à Dieu et aux hommes de ce qu'il a fait. M. Gambetta ne s'humilie ni devant les hommes ni devant Dieu, et ne connaît pas les actes de contrition. Il s'est contenté, du haut de la tribune, — un jour qu'il repoussait avec énergie les idées de dictature émises par quelques membres de la Chambre (en faveur d'un autre que lui, bien entendu), — de nous dire avec une certaine simplicité, une espèce de bonhomie dont nous ne saurions être dupe, « qu'il savait ce qu'était une dictature, « *qu'il avait été dictateur* ». Tenait-il donc tant à nous le rappeler? La France n'est pas près de l'oublier cependant, et sait encore mieux que lui ce que de telles dictatures valent.

Rien de commun, par exemple, entre M. Gambetta et Cincinnatus! Ceux qui voudraient lui trouver des similaires n'auraient certes point à les chercher parmi les austères et farouches républicains de Rome ou de Sparte. M. Gambetta d'ailleurs se soucie médiocrement, nous nous en doutons, de ressembler à un héros quelconque de l'antiquité, et, tout homme de guerre qu'il est, ne tiendrait guère à se présenter à la postérité dans le costume trouvé par les dames anglaises pour lord Wellington, à Belgrave-Square. Ce costume lui paraîtrait manquer d'ampleur. Non, M. Gambetta est un moderne, dans toute l'acception du mot; — il est de son époque, et regarde en avant bien plus qu'en arrière.

On croit généralement son rôle fini. Notre pensée est qu'on se trompe. Dans tout autre pays que le nôtre, il serait fini sans doute; mais en France!... mais en république!!... on peut s'attendre aux choses les plus inattendues et il serait peu sage de calculer la marche des événements d'après les procédés ordinaires de la logique.

Dans cette mer démontée qui s'appelle la république, il s'établit à chaque instant des courants nouveaux qui déroutent les prévisions des plus habiles. On voit alors remonter à la surface souvent les épaves des récents naufrages, et il n'est point rare que la vague elle-même se charge de ramener sur le rivage les naufragés que l'on croyait perdus.

— On ne renonce point facilement au pouvoir, quand on en a une fois goûté! Quelque étrange qu'ait été sa dictature, M. Gambetta se résignerait mal aujourd'hui à accepter un rôle secondaire, après avoir tenu le premier. Mais sous sa fougue apparente, il cache une habileté toute italienne : il saura donc patiemment attendre que son heure revienne, et prudemment, sans précipitation, regagnera peut-être cette grande popularité qu'il avait conquise et qui semble l'avoir si complètement déserté.

C'est sans nul étonnement aussi que, — tout invraisemblable que cela paraisse, — nous le reverrions élevé un jour aux dignités les plus hautes de l'État.

Comment M. Gambetta pourrait-il donc ne pas chérir

la république et ne pas nous la présenter comme le plus beau, le plus charmant, le plus adorable, comme le premier, en un mot, de tous les gouvernements humains !

Ah ! Que M. de Bismarck doit être heureux ! et qu'il doit bien rire de nous sous sa grosse moustache ! ! !...

XII

Il est fort à présumer que nous ne passerons guère, — quoi que nous ayons dit, — pour un ami très fervent de la république. Nous sommes d'avance résigné à nous voir mal jugé. — Cela ne nous empêchera pas cependant de donner ici aux républicains, — tout suspect que nous leur soyons, — un conseil dont la sagesse ne sera contestée par personne. Ce serait d'en finir une bonne fois avec toutes les vieilles *rengaines*, — pour nous servir d'un des mots de la langue que nous sommes en train de substituer à celle que parlait Bossuet. Elles sont si ressassées, si usées, si démodées aujourd'hui, qu'elles nous font l'effet de ces habits fossiles, de ces grotesques costumes qui s'exhibent aux jours gras et font, par leur ridicule, le bonheur des gamins de nos rues.

Ne serait-il pas temps en effet, d'en finir avec les *immortels principes*, — avec la république UNE et INDIVISIBLE, — avec la fameuse devise de *Liberté*, *Fraternité*, *Égalité*, cette marque de fabrique des républicains, — avec toutes ces vieilleries en un mot qui traînent depuis si longtemps dans les feuilles républicaines, et qui n'ont plus ni sens ni valeur! Ne sait-on pas assez comment les républiqueurs entendent la liberté et l'égalité, — comment la fraternité surtout est pratiquée par eux? Le monde est suffisamment édifié là-dessus ; — qu'on nous donne donc d'autres refrains. On dirait en vérité que la république, en France, consiste seulement à remplacer le titre trop aristocratique de *monsieur* par celui de *citoyen*, — à appeler les rois des *tyrans*, — à avoir la bouche constamment pleine des grands mots de *liberté*, de *fraternité* et autres non moins pompeux ; — à ne pas manquer une occasion d'invoquer les *immortels principes*, — à parler un peu, de temps à autre, des *droits de l'homme*, et surtout, et, par-dessus tout, à brailler la *Marseillaise*.

Ah, la *Marseillaise!* pourrait-on se passer d'elle! — Comme on sent bien ce brave peuple français heureux, rien qu'à l'entendre la hurler ! Comme on devine vite qu'il vient de briser ses fers, que le jour de gloire est arrivé pour lui, et que le pain désormais ne va plus lui manquer! Pauvre peuple que la tyrannie étouffait, comme ses poumons se dilatent, comme il respire mieux aujourd'hui! Qui donc voudrait croire aussi que nous sommes en république, si l'on n'entendait pas la *Marseillaise?*

Nous l'avons malheureusement, pour nos péchés et même pour ceux des autres, assez entendue pendant notre dernière guerre ! Pour le restant de nos jours nous en sommes saturé. Le *qu'un san quimpur abreuve nos sions*, est une mélodie que nos oreilles n'oublieront plus. — Et dire que nous avons cependant aimé cet hymne ! Qu'il fut un temps où ce chant faisait en nous courir le frisson et nous jetait dans une exaltation indicible ! Pourquoi faut-il qu'on nous l'ait gâté, — qu'on en fait maintenant quelque chose qui agace et horripile comme ces airs dont nous poursuivent les orgues de Barbarie ! Il nous semblait autrefois impossible que des soldats, en l'entendant, ne devinssent pas des héros, et que des bataillons, électrisés par cette ardente et sauvage musique pussent trouver des obstacles capables de les arrêter. Une illusion encore qui s'est envolée! — Nous les avons eus, hélas! les féroces soldats, et ils sont venus *jusque dans nos bras, égorger nos fils et nos compagnes!* Et nous n'avons su ni nous venger ni venger ceux qui étaient tombés! — Ah! c'était en silence qu'il fallait se lever et marcher alors, au lieu de frapper ridiculement les airs de ces cris répétés sans trêve «Aux armes! *citoilliens*, formez vos bataillons». Eh bien! il fallait les former vos bataillons, au lieu de faire comme ces comparses d'opéra qui, la bouche démesurément ouverte, pendant une heure, s'enrouent à nous crier qu'ils partent, qu'ils courent, qu'ils volent, et qui sont toujours à la même place. Au panier donc la *Marseillaise!*

Ne croirait-on pas, à entendre la presse démocratique, que la République a le pouvoir de convertir en or tout ce qu'elle touche, et que, comme nos anciens rois, elle pourra bientôt guérir les écrouelles? Que signifient, nous le demandons, ces mots de *vertu républicaine*, — *de dignité, de fierté, de courage républicains*, etc... dont les journaux de province, depuis le 4 septembre, émaillent toutes leurs tartines? Nous ne sachions pas cependant les républicains plus vertueux ni plus courageux que les autres, et nous n'avons pas appris que, dans la dernière guerre, ils se soient aussi plus vaillamment battus ni qu'ils aient fait preuve de plus d'entrain pour marcher contre les Prussiens. Dans nos rues et sur nos places publiques ils faisaient le plus de bruit, c'est vrai, — mais qu'on nous dise si, devant l'ennemi, ils ont mieux fait que les soldats de Cathelineau et de M. de Charette, que ces vaillants zouaves pontificaux, que tous ces braves jeunes gens, ces fils de famille, accourus au premier appel et si glorieusement tombés sur nos champs de bataille. Ils n'étaient cependant pas républicains, ceux-là ! Mais la république, par hasard, a-t-elle jamais donné du cœur à ceux qui n'en avaient pas ! Le courage aussi serait-il une question de cocarde?

Nous avons déjà dit le tort que les républicains ont constamment fait à la république; nous ne craignons pas d'affirmer que les journaux de province, que la petite presse départementale, en voulant trop la servir, pourraient bien finir par la rendre odieuse, par la faire tomber sous le mépris. Que la République, si elle veut nous attacher à elle, se méfie davantage de ses amis, et redoute l'excès de leur zèle.

Nous passons, à l'étranger, pour le peuple le plus léger, le plus frivole, le plus inconstant de la terre. Les autres nations décidément ne nous connaissent pas mieux que nous ne les connaissons elles-mêmes. Nous, inconstants ! Mais c'est à en rire. — Qu'on nous examine d'un peu près, qu'on nous étudie plus attentivement, et l'on se convaincra bien vite que nous méritons d'être pris au contraire pour des modèles de fidélité, de constance, et *surtout* de routine.

Avec le caractère qu'on nous prête, nul doute qu'on ne soit persuadé que, depuis quatre-vingts ans, chez nous tout a changé, tout s'est renouvelé vingt fois, au moins; — que langue, mœurs, idées ont subi une foule de variations, — que tout enfin a marché et progressé. Quelle profonde erreur ! — Nous sommes restés à l'an 1789, et ne sortons pas de cette mémorable époque. Nous changeons quelquefois de gouvernement, — peut-être même plus souvent que besoin ne serait, — mais c'est ce qui prouve précisément en notre faveur, et démontre combien le changement nous répugne. Quand nous chassons nos rois, ce n'est que pour revenir à ce régime, objet de tous nos regrets, et auquel nous avons à jamais donné notre tendresse. Nous vivrons longtemps encore, sans doute, sur cette époque ; aussi ne nous lassons-nous pas de l'étudier, de la méditer, de nous imprégner d'elle, de nous l'assimiler. Nos révolutions ne sont jamais que des copies, — assez mauvaises, il est vrai, — de l'histoire de ce temps-là. Nous pouvons, quand on le veut, en donner la représentation.

Que la générale soit battue dans nos rues, — la mise en scène est là toute prête et la pièce peut commencer sans retard. Tous les rôles sont tenus et appris depuis longtemps. Nous avons des Mirabeau par centaines, et des petits Danton, des petits Camille Desmoulins, des petits Hébert, des petits Marat à ne savoir qu'en faire. Nous avons des madame Rolland qui n'attendent plus que leur entrée en scène ; et puis des Girondins, des Jacobins et des Montagnards d'une assez jolie venue. Dans la rue nous trouverons des sans-culottes dignes de leurs pères, et des pétroleuses plus hideuses, plus ignobles, plus avides de sang encore que leurs mères, les tricoteuses de 93. Rien ne nous manquera. On aura au magasin des accessoires le bonnet phrygien et la carmagnole, pour peu qu'on y tienne, et une foule d'honnêtes portiers et d'estimables savetiers s'empresseront, n'en doutons pas, de répudier leurs noms, pour ne répondre plus qu'à ceux de *Mucius Scævola*, d'*Horatius Coclès*, de *Brutus* et autres noms en *us* du calendrier républicain.

Si le ridicule tuait pourtant, comme on l'a si souvent prétendu, qu'il y a longtemps que la république serait morte ! Y a-t-il en effet quelque chose de plus idiot que ces farces lugubres qui se jouent à chaque révolution, que ces misérables et révoltantes parodies d'une époque dont nous n'avons su jusqu'ici copier que le côté grotesque et les crimes? — En voyant nos modernes républicains prendre des rôles si peu à leur taille, ne nous semble-t-il pas en vérité assister, dans la maison de Molière, à une tragédie interprétée par les acteurs de Montmartre ou de Belleville?

Jamais cependant les souvenirs de la première république n'ont été évoqués plus tristement et d'une manière plus complète que dans ces lamentables jours que nous venons de traverser. Tout a été exhumé cette fois. L'ennemi était sur notre sol, — l'occasion était donc des plus belles pour prendre cette histoire au pied et obtenir un calque fidèle d'une des pages les plus glorieuses de nos annales. Nous avons eu aussi « la patrie en danger », — « le drapeau rouge », — « les bureaux d'enrôlement sur les places publiques », — « la levée en masse ». — Nous avons eu *les clubs*, *les comités*, *les patriotes*, *et les commissaires les plus extraordinaires* de la république.

Pour que l'illusion fût encore plus parfaite, on a, dans quelques grandes villes, persécuté un peu les prêtres, pillé des églises, converti des temples en magasins, en casernes, — chassé courageusement des religieux et de pauvres religieuses de leurs couvents, et, cela va de soi, expulsé les jésuites.

Pendant quelque temps, on a pu même, dans certaines villes, se croire véritablement revenu aux beaux jours de la Convention. Dominé sans doute par tous ces souvenirs du passé, M. Gambetta faisait et défaisait des généraux, visitait les armées, expédiait de belliqueuses proclamations et *décrétait* la victoire. C'est probablement aussi pour les faire ressembler mieux aux fameux volontaires de l'armée d'Italie, qu'il laissait nos mobiles et nos mobilisés sans souliers et sans pain. Quel élan ne doivent pas avoir en effet des soldats qui vont se battre, l'estomac vide et les pieds dans la neige, contre un ennemi chaudement vêtu, admirablement chaussé et qui regorge de vivres ! Il faut nécessairement vaincre (ou mourir), quand la victoire seule peut nous donner du pain et des bottes.

La première république avait enfanté tant de héros, tant d'hommes extraordinaires, qu'il n'est personne, en France et même à l'étranger, qui ne s'attendît à voir se révéler des talents inconnus, à voir surgir de la foule quelque génie ignoré pour nous sauver. Les républicains, surtout, ne doutaient pas que, étant données les mêmes circonstances, les mêmes faits ne dussent fatalement se reproduire. Chacun espérait donc et attendait, interrogeant avec anxiété tous les coins de l'horizon. Mais rien ne paraissait !

Nos armées étaient remplies d'officiers de la plus haute distinction et d'une rare bravoure ; — partout les actes d'héroïsme se multipliaient ; — et, malgré ce que nous avaient enlevé les capitulations, nous comptions encore des généraux qui ne sont points restés au-dessous de la lourde et terrible tâche qu'ils avaient acceptée, et que nos ennemis eux-mêmes ont appris à estimer et à craindre. — Du sein de cette vaillante cohorte, pas un seul grand capitaine cependant n'émergea qui put s'imposer au pays par l'autorité de talents exceptionnels et le prestige du succès ! La France semblait épuisée. De ce long et laborieux travail d'enfant auquel nous assistions, un seul homme est sorti... M. Gambetta ! C'est tout ce dont la montagne a pu accoucher. Pauvre république, nous croyions qu'elle avait autre chose dans ses flancs !

Hélas ! ce ne sont pas les circonstances qui font les

hommes, — c'est avant tout la foi. C'est à la foi religieuse que l'on doit ces innombrables héros du martyrologe, — c'est la foi à une idée, à un principe, c'est la religion de la patrie qui seule fait les héros des champs de bataille et les grands hommes dont s'honore un pays. Et nous ne croyons plus à rien!...

XIII

Il eût été difficile, en traitant le sujet que nous nous sommes donné, de ne point parler du *suffrage universel, de ce suffrage universel tant vanté*, dont on est si fier, et qui, « en rendant l'homme à la plénitude de sa liberté, doit conduire les sociétés modernes à l'apogée du bonheur ». Le suffrage universel est, nul ne l'ignore, la base même, la grande pierre d'assise, pour ainsi dire, de la république. Il nous importe donc de l'étudier, de nous assurer de sa véritable valeur et de voir surtout s'il mérite bien l'admiration que tant de gens ont pour lui. Nous aurons aussi à lui consacrer plus d'un chapitre.

Nous ne voudrions certes pas être désagréable aux républicains, mais nous ne pouvons nous empêcher cependant de leur dire, tout d'abord et sans circonlocutions ni ambages, que, dans l'état actuel de notre civilisation, leur suffrage universel, — tout renouvelé qu'il soit des Grecs et des Romains, — nous paraît être la chose la plus parfaitemeut absurde qui se pouvait trouver. Que si la république de 48, en nous le donnant, crut nous faire un merveilleux cadeau, elle se trompa ; — et si elle espéra, — ce qui est fort à présumer, — avoir trouvé dans le suffrage universel un instrument puissant pour assurer sa durée, — son erreur fut peut-être plus grossière encore. Nous avons quelque idée cependant que parmi ceux qui, à cette époque, se montrèrent les plus ardents à le recommander et à le défendre, — beaucoup ont, à cette heure, perdu un peu de leurs illusions sur lui et regrettent peut-être d'avoir imprudemment mis aux mains du peuple un aussi dangereux instrument.

Que de sottises, hélas ! ne nous a pas fait commettre déjà ce ridicule engouement que nous avons si longtemps gardé pour les Romains et les Grecs, — engouement dont nous sommes loin d'être complètement débarrassés encore, malgré les railleries piquantes qu'il nous a plus d'une fois values! A quelles erreurs surtout ne nous a pas conduit cette admiration passionnée des civilisations éteintes, quand, ne nous contentant plus de nous prosterner devant les immortels chefs-d'œuvre de l'art antique et les œuvres puissantes des génies qui illustrèrent ces époques reculées, — nous avons voulu leur prendre encore et leurs institutions politiques et leur philosophie ! — Nos sociétés modernes, — on n'eût pas dû l'oublier, — reposent sur des bases essentiellement différentes de celles des sociétés de l'antiquité, et les lois économiques qui les régissent n'ont rien de commun avec celles qui régissaient la société romaine, aussi bien que les républiques de la Grèce. Notre peuple, — forcé de demander au travail son existence, et s'honorant, s'élevant par lui, — peut-il se comparer en effet à des peuples chez qui le travail, — regardé comme vil et dégradant, tenu en déshonneur même, — était abandonné aux esclaves? Notre citoyen ne saurait donc rappeler en rien le *citoyen* de Rome (*civis romanus*), ce fier et arrogant prolétaire, toujours inquiet, toujours agité, dont les exigences allaient croissant à chaque concession qui lui était faite, — et dont on ne parvenait à obtenir quelque répit qu'en inventant des guerres qui l'éloignassent de la cité. Il est des conditions dont il est absolument indispensable de tenir compte, lorsqu'on veut emprunter aux autres peuples quelques-unes de leurs institutions. On a de *l'idiosyncrasie* à faire en politique tout autant qu'en médecine. Mais laissons là des considérations qui pourraient nous conduire trop loin, et, sans nous inquiéter de ce que fut le suffrage universel à Rome ou à Sparte, voyons ce qu'il est chez nous.

Le moindre des défauts de notre suffrage universel est d'abord de ne rien prouver du tout. Ce défaut seul pourrait suffire, croyons-nous, pour le faire repousser. Là ne se bornent point ses torts, malheureusement. Ce qui nous porterait à le repousser plus énergiquement encore, — c'est qu'il peut devenir une arme des plus dangereuses entre les mains de qui saura s'en servir. L'empire ne vient-il pas de nous en donner la preuve? Avec quelle habileté n'a-t-il pas su retourner contre les républicains eux-mêmes cette arme sur laquelle ils comptaient tant, et qu'il croyaient avoir forgée pour eux seuls (1)!

Qui oserait, en effet, soutenir aujourd'hui que ce qui sort de l'urne électorale est bien l'expression de la vo-

(1) Que messieurs les républicains daignent un peu se souvenir des cris d'indignation qu'ils poussèrent, lors du dernier plébiciste. Si par hasard ils avaient oublié toutes les accusations dont ils chargèrent l'empire, à cette occasion, nous ne les avons, nous, point oubliées. Nous nous contenterons de les leur renvoyer aujourd'hui, sans rien y ajouter. Impossible de faire mieux qu'ils ne l'ont fait eux-mêmes, le procès du suffrage universel.

lonté du peuple? Mais ne sait-on pas comment une élection se prépare, se machine, se brasse! Y a-t-il quelqu'un en France qui en soit à ignorer encore les mille et une manœuvres à l'aide desquelles on arrive à faire sortir de l'urne les noms désignés par tel comité, par telle ou telle coterie! Quelqu'un qui ne sache ce qu'il en coûte à un candidat souvent pour amener ses concitoyens à lui donner *librement* leurs suffrages; — ce qu'il lui faut accomplir de courses fastidieuses, de démarches humiliantes, subir de cruelles immolations d'amour-propre, de dignité même, — dépenser de sots discours, et prodiguer de ridicules promesses! Le dégoût en vient au cœur rien que d'y songer, et l'on ne sait en vérité quels sont ici les plus à plaindre, de ceux qui achètent à un prix pareil l'honneur d'aller siéger au palais législatif ou de ceux qui les y envoient. Que ce candidat cependant soit fier pour son compte d'un succès aussi péniblement obtenu, assez *chèrement* conquis peut-être, — c'est ce que jusqu'à un certain point nous pourrions accorder; — mais que l'on veuille donner une signification politique à des votes obtenus à l'aide quelquefois des manœuvres les moins avouables, — qu'un parti passe de pareils votes à son actif et y trouve le triomphe de sa cause, voilà ce qui nous révolte, ce que notre intelligence se refusera toujours à comprendre. Que l'on ne vienne donc pas nous parler de la liberté du vote, et essayer de nous faire accroire que ce peuple des campagnes, — et même des villes, — que l'on a amené au scrutin avec des paroles menteuses, que l'on conduit tantôt par la peur, tantôt par les promesses, — que ce peuple, disons-nous, a usé de son libre arbitre. Que l'on renonce, une fois pour toutes, à proclamer la *pleine indépendance* des électeurs et à rendre responsable ce bon peuple de la nomination d'hommes qu'il ne connaît pas, qu'il n'a jamais vus, dont il n'a jamais entendu parler, et dont peut-être il ne sait pas même les noms, après avoir voté pour eux !

Non, ce serait nous tenir pour beaucoup plus naïfs que nous ne le sommes. Qu'on se contente donc de nous demander notre bulletin de vote, sans nous forcer encore de croire à sa vertu.

Un homme a-t-il le droit de laisser tomber plus d'un bulletin dans l'urne électorale? Bien mal venu serait, sans doute, celui qui oserait seulement poser pareille question, — et il n'est personne qui ne s'empressât de reconnaître qu'un tel abus, s'il existait, enlèverait absolument toute valeur, toute signification au suffrage universel. Nous n'attendions pas d'autre réponse. Mais nous demanderons alors si l'homme qui, par les promesses ou par la menace, envoie dix, vingt, trente individus jeter dans l'urne le billet de vote qu'il vient de leur donner, diffère en quelque chose de celui qui irait lui-même porter dix, vingt, trente bulletins ?

Une fois de plus, que signifie, que peut signifier le suffrage universel ainsi appliqué, et quelle autorité peut-on lui accorder ?...

On nous dira peut-être que l'abus que nous signalons est rare. Rare ! mais c'est l'histoire de toutes les élections qui se sont faites depuis 48 ; — mais c'est ce qui ostensiblement se pratique tous les jours, ce qui devait inévitablement arriver d'ailleurs, en appelant au vote tous ces hommes que leur position met sous la dépendance des autres et qui, s'inquiétant avant tout de vivre, porteraient à l'urne le nom de l'empereur de la Chine tout aussi bien que celui de M. Gambetta, si cela devait leur assurer le travail.

Que dans les grands centres de population l'ouvrier subisse peu l'influence du maître, nous le reconnaissons ; mais oserait-on soutenir que dans les petites villes, que dans les campagnes ce n'est pas ainsi que trop souvent les choses se passent ? Il faudrait en vérité une bien forte dose d'ignorance ou de mauvaise foi pour cela.

Eh ! n'est-ce pas, au reste, là-dessus que comptent les meneurs du parti républicain ! N'est-ce pas à l'empire qu'ils exercent sur les classes inférieures de notre société qu'ils doivent leurs prétendus triomphes ! N'ont-ils pas en effet sous la main toujours leurs troupes fidèles, — troupes admirables d'organisation et de docilité, il faut le reconnaître, — prêtes à tous les combats, et n'attendant que le mot d'ordre pour aller stupidement se faire tuer derrière une barricade ou jeter dans l'urne électorale les bulletins qui leur ont été distribués ! Pense-t-on que les républicains défendraient avec tant d'acharnement et de passion leur suffrage universel, s'ils n'avaient su trouver le moyen de faire jouer à cette serinette les airs qu'ils veulent ? Mais ils cesseraient d'en vouloir, nous en avons la conviction, le lendemain du jour où il aurait trompé leurs calculs, où il serait devenu l'expression *vraie* des aspirations du pays, — et trouveraient sûrement alors, pour l'attaquer et le repousser, des arguments aussi victorieux qu'ils en trouvent pour l'exalter, aujourd'hui.

Au surplus, si nous voulons juger mieux ce suffrage universel sur lequel tant et de si grandes espérances reposent, — si nous voulons savoir d'une façon exacte ce qu'il vaut et comment il se recommande à notre admiration et à notre amour, — après l'avoir vu fonctionner, attendons-le aux résultats qu'il donne.

XIV

Le pays convoqué est là qui se presse autour des urnes électorales. Grande est l'agitation, car il s'agit de choisir ceux à qui vont être confiées ses destinées. — L'heure est des plus solennelles, des plus graves. La France lasse, épuisée et profondement dégoûtée des aventuriers et des aventures, — la France anxieuse attend, partagée entre l'espérance et la crainte. Elle va, dans un instant, savoir s'il lui faut rompre ou nom avec son passé, répudier ses traditions et ses glorieux souvenirs et ne plus faire dater son histoire que de *l'an un* de la république. — Mais non, elle espère, elle veut espérer que ses blessures mal cicatrisées encore, que la vue de ces palais en ruines, de ces murailles croûlantes et noircies par la flamme qui, comme un *memento* terrible, se dressent au milieu de l'orgueilleuse cité, parleront éloquemment à ses enfants. Elle a foi en l'instinct du peuple, et c'est sur les plus dignes, elle n'en doute pas, que se porteront ses suffrages. Oui, il saura faire acte de liberté et prouver à ses détracteurs qu'il est à la hauteur du rôle qu'il va remplir. On s'est jusqu'ici beaucoup méfié de son intelligence, on est allé même jusqu'à lui dénier le moindre sens politique, — eh bien! il va tout à l'heure montrer combien il a été calomnié. Il se connaît en hommes plus qu'on ne pense, et il ne confiera ses intérêts qu'à ceux qu'il sait être capables de les défendre. Ne désespérons donc point encore.

Mais le scrutin est clos ; — on va procéder au dépouillement. Toutes les poitrines sont oppressées, haletantes. — Quels noms vont sortir de ces urnes mystérieuses ?.....

Dans la foule tumultueuse qui, depuis le matin, assiège l'hôtel de ville, tout à coup un long frémissement a couru. Cette houle humaine semble soudain frappée d'immobilité, et au bruit qui s'élevait de son sein a maintenant succédé un silence de mort. — Attention ! les noms des élus vont être proclamés !........................

O honte ! ô misère ! La plupart des noms que cette foule stupide acclame et salue de ses frénétiques applaudissements, savez-vous à qui ils appartiennent? — A des héros d'estaminet, à de tristes orateurs de clubs, à des hommes que ni leurs talents ni leur instruction ni même leur caractère ne pouvaient désigner pour le mandat dont ils vont être investis ; — à des hommes, en un mot, qui, si justice leur avait été rendue, auraient été laissés à leur obscurité et n'eussent jamais dû être tirés de la modeste condition pour laquelle ils étaient faits (1).

En aucun moment, peut-être, la France cependant

(1) Il n'entre certes point dans notre pensée d'insinuer ici que c'est sur des choix indignes que se sont portées et se portent toujours les faveurs du peuple. Une pareille insinuation serait non moins calomnieuse qu'absurde. Ce que nous avons seulement voulu dire, c'est que, dans un grand nombre de circonscriptions électorales, la majorité des suffrages est allée très souvent à des incapacités radicales (soit dit sans puéril jeu de mot), quelquefois même à des hommes d'une moralité douteuse, et qui ne devaient l'insigne hon-

n'eût eu plus grand besoin de pilotes habiles, d'hommes capables de la guider au milieu des innombrables écueils qui l'entourent ; — jamais encore les hautes et délicates questions, les redoutables problèmes qui attendent nos représentants n'eussent exigé chez eux plus de sagesse, plus de lumières, plus de patriotisme, — et voilà les hommes que le suffrage universel nous donne !... Comme si notre pays, — si riche pourtant en intelligences et en talents, — était soudainement épuisé et tari, nous n'avons su, pour peupler les sièges de notre Assemblée nationale, trouver que des hommes dont la grande majorité ne dépasse pas en valeur la moyenne la plus modeste. Est-ce là, en vérité, la représentation que la France avait droit d'espérer?

Chacun, dit-on, a son heure en ce monde. L'heure des médiocrités est, paraît-il, venue. Il était réservé à la troisième république (bien différente en cela de la première), de ne plus tenir aucun compte des talents et, se dégageant du vieux préjugé *des droits acquis, des services rendus, du mérite,* — d'ouvrir toute grande aux incapables la porte des places et des honneurs.

Mais ces hommes, il est vrai, sont des RÉPUBLICAINS !!!

Depuis vingt ans, ils avaient acquis dans leur canton une certaine notoriété, — moins par l'austérité de leurs principes et l'autorité de leurs talents, il est vrai, que par la *haine* farouche qu'ils portaient au gouvernement établi ; — depuis vingt ans, ils mettaient leur gloire à le décrier et à le braver, *toutes les fois* surtout qu'ils le pou-

neur qui leur était fait, qu'à leur titre de républicain. Ce que nous avons surtout voulu dire, c'est que ce titre, exigé avant tout, a plus d'une fois dispensé de tous les autres et a été tenu pour la meilleure des garanties.

vaient faire sans trop de danger ! Depuis vingt ans enfin, on les entendait déclamer contre les abus du pouvoir, réciter avec plus de véhémence peut-être que de conviction les tartines républicaines trouvées dans leur journal, le matin, et vanter aux sots qui les écoutaient les avantages et les charmes de la république.

Ah ! quelles saintes indignations, quelles nobles colères excitaient en eux les vues de notre pauvre société ! comme ils souffraient en leur âme, ces vertueux citoyens, et avaient de magnifiques élans de révolte au spectacle des iniquités dont le monde est rempli ! — Tout était à refaire. Depuis deux mille ans, le monde faisait fausse route. Heureusement ils arriveraient à temps encore. Avec le plan qu'ils avaient en poche l'ère de la liberté et de la justice allait enfin s'ouvrir, et bien difficiles seraient ceux qui ne se trouveraient pas pleinement satisfaits.

Or, ce plan nous le connaissons tous. — S'il n'est pas très neuf, il est du moins d'une simplicité admirable : — il consiste tout bonnement à faire descendre du sommet de l'échelle ceux qui y étaient, pour faire monter ceux qui étaient en bas ; — à chasser de la table du festin les convives assis autour, et à prendre leur place. Pas autre chose. Aux imbéciles seuls de croire à un autre mobile que celui-là chez nos modernes révolutionnaires.

C'était cependant pour ces hommes, on en conviendra, assez de titres déjà et d'assez beaux états de services pour mériter que la république se souvînt d'eux au jour du triomphe. Ne nous étonnons donc point qu'elle s'en soit souvenue et qu'elle les ait aujourd'hui désignés au peuple pour les premières dignités de l'État.

Mais pas de récrimination, pas de plaintes ! *Le pays a*

parlé!... C'est avec reconnaissance et respect au contraire que nous devons recevoir l'arrêt sorti des urnes électorales. Cette voix que nous venons d'entendre est la grande voix du peuple, et les républicains eux-mêmes vous le diront (quand cette voix parle en leur faveur)! — la voix du peuple, c'est la voix de Dieu. Inclinons-nous donc et saluons ces sauveurs que le ciel nous envoie, paraît-il, — car ce n'est certes pas nous qui eussions jamais songé à aller chercher là où on les a pris, ceux qui doivent relever la France.

Le pays a parlé!!! quel abus, bon Dieu! il se sera fait, en notre temps, des grands mots et des phrases pompeuses? Il semble véritablement, comme nous le disions dans un des précédents chapitres de cette étude, — que la république ne repose que sur des mots, qu'elle doive consister seulement en cette logomachie, en cette langue prétentieuse autant que ridicule, en ces phrases idiotes et surannées, que nous ont léguées les hommes de 93, — et que ce soit à prononcer des harangues et des discours que se bornent presque les fonctions des ministres et des hommes d'État républicains.

Le pays a parlé! — Eh bien! nous ne l'en félicitons point, — il eût mieux fait de se taire.

Comme ils nous amuseraient cependant ceux qui, d'un air grave et convaincu, s'en vont, après chaque élection favorable à leur parti, répétant cette phrase, avec laquelle ils espèrent nous fermer la bouche! — Comme nous les trouverions divertissants, s'il ne s'agissait ici de notre pays, si ce n'étaient nos propres destinées qui fussent en cause. — Mais le rire bien vite s'éteint sur les lèvres à la pensée de ce qui nous est préparé.

Vous dites que le pays a parlé. — Pensez-vous donc à ce point nous donner le change, que nous nous inclinions, sans mot dire, devant cette prétendue volonté nationale? Votre naïveté dépasserait-elle, par hasard, celle que vous nous supposez, pour oser croire nous avoir réduits au silence, en nous donnant comme l'expression vraie des aspirations du pays, comme la libre manifestation de sa volonté, ces bulletins jetés dans l'urne par cette foule sans nom qui n'obéit qu'à votre voix?

Eh ! quoi ! ces hommes dont vous déplorez chaque jour l'ignorance grossière, — hommes au cœur honnête, nous le voulons bien, — ces braves habitants des campagnes et même des villes, ces laborieux artisans, que certes personne plus que nous n'estime, mais qui, sans cesse, courbés sur leur tâche, savent à peine ce qui se passe à côté d'eux, — tous ces humbles travailleurs, en un mot, à l'intelligence desquels vous accordez si mince estime, que vous regarderiez comme un acte de parfaite insanité d'aller réclamer leur avis pour vos propres affaires, et les consulter sur le choix de ceux à qui vous pourriez les confier; — et ce sont ceux-là que vous voulez aujourd'hui ériger en arbitres souverains, quand il s'agit des questions les plus graves, les plus terribles, pour le pays? C'est à eux que vous n'hésitez pas, aux heures les plus difficiles que la France ait peut-être connues, — d'abandonner le choix des hommes auxquels va être confiée sa fortune?

Logique admirable et bien digne de vous!

Et ces autres hommes que vous flattez si bassement et si lâchement aujourd'hui, parce que vous avez besoin d'eux, et dont vous vous détournerez avec mépris, demain, — cette triste cohorte de gens sans aveu, de pauvres déclassés, de déserteurs de l'atelier et du foyer domestique, de coureurs d'estaminet, d'individus à moyens d'existence problématiques, — toute cette tourbe sortie des bas-fonds de la société, — qui, à certains jours apparaît tout à coup à vos côtés et que vous entraînez triomphalement à votre suite, — est-ce là encore ce que vous appelez le pays?...

Il peut être permis de forcer quelquefois l'acception des mots, mais en dénaturer à ce point le sens, est une ironie qui dépasse toutes les bornes ; — c'est, de plus, dans le cas qui nous occupe, un outrage, et des plus immérités, à l'adresse de la nation entière.

Vous nous répondrez sans doute que ces hommes sont des citoyens comme nous, et que, au même titre que nous, ils ont le droit d'avoir une opinion et de la faire prévaloir, s'il se peut ; que ces hommes, après tout, ne sont pas les seuls votants, — que les urnes sont ouvertes à tous, et que, si le pays n'est point républicain, ainsi que nous le prétendons, jamais occasion plus belle ne se sera offerte à lui, pour nous apprendre où vont ses aspirations et nous faire connaître sa volonté.

Toujours les mêmes sophismes ! toujours les mêmes subtilités, les mêmes escobarderies ! — Eh bien ! — nous vous accorderons cependant tout cela, si vous voulez convenir, à votre tour, — et nous nous tiendrons alors pour satisfaits, — que c'est à l'appoint considérable que vous apportent ces hommes (que nous ne vous ferons pas l'injure d'appeler des républicains, nous vous l'avons dit déjà), que vous devez ces importantes majorités dont vous êtes si fiers, et à l'aide desquelles vous parvenez à tromper non seulement le pays, mais l'Europe elle-même

Mais vous vous garderiez bien d'un tel aveu, car, ainsi posée la question serait résolue, et elle serait loin de l'être en votre faveur.

Ah! quand en arriverons-nous donc à ne plus jouer tristement sur les mots! quand les partis cesseront-ils de se faire la guerre à la façon des peuplades indiennes, — se tendant des pièges les uns aux autres, luttant de mensonges et d'astuce, ne craignant pas de recourir aux ruses les plus misérables pour s'assurer une victoire qu'ils devraient attendre seulement de l'excellence de leur programme, de la bonté de leur cause! Quand le bien et la grandeur du pays seront-ils le seul mobile, l'unique souci de ceux qui aspirent à l'honneur de le gouverner! — Et quand, surtout, — aurons-nous, en France, le courage d'appeler les choses par leur vrai nom, et la bonne foi de reconnaître tout haut ce dont tant de gens conviennent tout bas, — que le suffrage universel est la plus insigne et la plus dangereuse des comédies?...

XV

Nous avons eu plus d'une occasion déjà de citer les journaux républicains de la province, et nous leur avons, en passant, lancé quelques petites pierres, — qu'ils nous rendront avec usure, nous n'en doutons pas. Ces journaux-là ont du bon cependant, et sont souvent plus gais qu'ils n'en ont l'air; il en est quelques-uns dont on devrait même recommander la lecture aux gens mélancoliques et aux hypocondriaques. Rien de plus amusant en effet que de les entendre nous parler encore du *peuple souverain*, et de les voir faire fumer l'encens (et quel encens!) sous les narines de leur monarque. Il nous rappellent beaucoup ces sauvages des mers du Sud se prosternant devant une grossière idole, en entonnant en son honneur des hymnes que nul musicien ne parviendrait à noter. Il y a une différence pourtant, — et elle est en faveur des sauvages, — c'est que ces derniers sont sincères au moins dans leurs adorations; quant à nos républicains, ils nous paraissent à peu près aussi convaincus que l'étaient autrefois les augures romains.

Un cliché encore que nous voyons reparaître toujours avec bonheur, c'est celui par lequel ces mêmes journaux, à chaque élection nouvelle, nous apprennent que le peuple *calme*, *recueilli* et *pénétré* de l'importance de l'acte qu'il va faire *s'est rendu en ordre* dans *ses comices*. Nous ne connaissons rien de plus joli. Et quel style! quel noble langage! *Le peuple s'est rendu dans ses comices!* Cela vaut bien, ce nous semble, cette phrase des anciens chroniqueurs de la Cour : « A dix heures, le roi est rentré *dans ses appartements.* » — Quelle haute idée ne doivent pas avoir de nous les autres nations, quand elles voient ce brave peuple français, *grave* et *calme*, se rendant dans *ses comices!* Elles ne doivent certainement plus s'y reconnaître et ne pas être bien éloignées d'adopter la république pour elles, en lui voyant accomplir de pareils miracles.

Eh bien! si vous tenez à savoir ce que toutes ces grandes phrases cachent, — si vous voulez la vérité, mais la vérité *vraie*, celle que les faits nous donnent, — c'est que le peuple en a par-dessus la tête de votre suffrage universel, auquel il ne comprend pas un mot; — c'est que ces promenades perpétuelles qu'on lui fait faire, *pour se rendre dans ses comices* le fatiguent, l'ennuyent au plus haut degré; — c'est qu'il vous vendra *sa souveraineté* pour peu de chose, vous donnant ses comices encore par-dessus le marché, si vous voulez l'en décharger; — c'est, enfin, qu'il ne vous demande, en retour, que de le laisser un peu tranquille, de ne pas tant vous occuper de lui, et surtout de moins le faire parler, quand il ne souffle mot. Tout souverain qu'il est, vos plates flagorneries ne le sauraient tromper, — il n'a nullement perdu la tête, et n'aspire qu'à garder son humble cabane et son petit champ. Il a toujours payé la taxe et continuera à la payer encore, — il désirerait seulement ne pas avoir à la payer double. Que si vous pouvez lui garantir cela, il sera pour vous. République et monarchie sont pour lui même chose; il sait bien qu'il lui faudra toujours travailler, toujours courber son dos vers la terre, toujours payer l'impôt, — que ce soit le *collecteur* ou le *percepteur* qui vienne le lui réclamer. Il n'entend rien à toutes vos belles phrases et vous dispense de tant vous préoccuper de son bonheur, — c'est là une question à laquelle il croit s'entendre mieux que vous et qu'il vous prie de lui abandonner. Quant à toutes les libertés que vous lui promettez, il n'en a que faire. La seule liberté qu'il réclame, c'est celle de pouvoir travailler en paix, et, quand il rentre harassé de sa journée, de pouvoir se reposer à son aise. Il en a bien assez, croyez-le, du gouvernement de ses petites affaires, sans l'obliger encore à s'occuper du gouvernement de la France !

Et voilà, messieurs, ce que vous dirait le peuple des campagnes, ce peuple que vos pompeuses doctrines n'ont pas encore troublé, — ce qu'il vous répondrait avec son bon sens, si vous daigniez aller à lui et l'interroger. Et vous ayant ainsi parlé, il vous demanderait de le laisser retourner à ses semailles qui le réclament, — car il a quelque idée que vous ne seriez pas moins embarrassé que lui, malgré votre science et votre grand esprit, si la terre restait en friche.

Il nous arrive assez souvent, en France, de commencer par où nous devrions finir, et il n'est point rare de nous voir, en politique, placer la charrue avant les bœufs. Chacun sent instinctivement, aujourd'hui, le besoin d'une régénération pour notre pays : les derniers événements ne nous permettent pas de nous abuser davantage sur le mal qui nous travaille, sur l'état déplorable dans lequel nous sommes tombés. Le tort est de croire que la république puisse amener cette régénération que nous appelons tous. On serait beaucoup plus autorisé à soutenir que c'est une régénération seule, au contraire, un retour sérieux aux idées religieuses, aux principes de la morale chrétienne, une instruction plus largement et plus sagement répandue, qui pourraient nous conduire à cette république honnête et modérée que personne ne repousserait certainement, et qui pourrait, nous n'en doutons pas, assurer le bonheur d'un pays. — Montesquieu est loin d'être pour nous un oracle, pas plus en politique qu'en morale, — mais puisqu'on aime tant à invoquer son autorité, que citer son célèbre *Esprit des lois* ne laisse pas que de poser quelque peu un écrivain, essayons donc, à notre tour, de le citer. Nous ouvrons son livre sur la république et, dès la première page, voici ce que nous lisons : « La base de ce gouvernement est la *vertu.* » De la vertu ! — Eh bien ! en avons-nous beaucoup ? Qu'on veuille faire pour nous la réponse..... — Si Montesquieu est dans le vrai, il est fort à craindre, hélas ! que notre république ne manque beaucoup de base.

Mais revenons au suffrage universel avec lequel nous n'en avons pas fini.

L'histoire nous apprend qu'un certain roi de Rome, — point sot, — voulant s'assurer de la majorité dans les élections, comme on dirait de nos jours, — tout en paraissant respecter le suffrage universel, — imagina de supprimer le vote par tête et de lui substituer le vote par centuries. Avec un peuple aussi susceptible et défiant que l'était le peuple romain, la chose n'était point facile. Il y parvint toutefois, et sut s'y prendre si bien que le peuple souffrit ce changement, sans donner aucune marque d'improbation. Pour cet effet, la cité fut d'abord partagée en 193 centuries. Dans les 98 premières entrèrent les sénateurs, les patriciens, tous ceux enfin qui atteignaient un certain degré de fortune, — ceux que nous appellerions, nous, des conservateurs ; dans les autres furent versées les diverses classes composant le peuple. On peut sans peine comprendre ce qui advint, lorsque le vote par centuries eut été décrété, et comment le peuple, quoique de beaucoup plus nombreux que toutes les autres classes réunies, se trouva complètement maîtrisé et réduit à l'impuissance par cette adroite combinaison.

S'il est absolument indispensable d'en passer par le suffrage universel, qu'on nous donne du moins celui-là : — nous pouvons encore le concevoir et l'admettre. Il est toutefois un mode de suffrage universel que nous lui préférerons toujours, c'est celui d'où seraient rigoureusement exclus tous ceux qui ne peuvent pas seulement lire les noms inscrits sur les bulletins qu'ils déposent, et ceux encore qui ne savent pas écrire eux-mêmes le nom du candidat de *leur choix*.

Que l'on veuille examiner pour quelle immense part entre le peuple, — ou si l'on aime mieux la classe ignorante, — dans les élections, et qu'on nous dise s'il n'est pas profondément dérisoire de lui abandonner aussi légèrement la nomination de ceux qui vont décider des plus hauts intérêts d'un pays (1). N'est-ce pas le mettre forcément aux prises avec les intrigants et les ambitieux qui ne manqueront pas de le circonvenir? Allé-

(1) Avec le suffrage universel, — chose triste! c'est la partie la moins intelligente d'une nation qui, au mépris de tout sens commun, dicte ses lois à l'autre. C'est la quantité l'emportant sur la qualité; — c'est la queue entraînant et dirigeant la tête. Quel progrès! Et comme il y a lieu d'en être fiers! — Mais, chose non moins triste et digne de remarque, c'est que le suffrage universel avec la prétention qu'il a de nous apporter fidèlement toujours l'expression de la volonté générale, ne sert plus souvent, — si l'on veut attentivement y regarder, qu'à assurer le triomphe des minorités.

guerez-vous, pour répondre à l'accusation que nous lui portons, — que les hommes qu'il nomme n'ont pas été désignés par lui (ce que nous ne savons que trop), qu'ils lui ont été désignés d'avance (et même imposés, pourrait-on ajouter !). Mais que devient, en ce cas, la fameuse liberté du vote? Pourquoi alors convoquer le peuple, si vous reconnaissez qu'il n'est point capable, *sans votre secours*, de nommer des représentants sérieux, — s'il ne peut se conduire lui-même, — s'il faut qu'un autre toujours lui souffle les mots qu'il doit répéter?

Pauvre peuple! quel triste rôle on lui fait jouer, et avec quelle touchante docilité, il se prête à tout ce qu'on lui demande! On le pousse vers l'urne, — il y va. Si les noms qui sortent appartiennent au parti républicain, — il n'y aura pas dans le vocabulaire de mots assez élogieux pour l'exalter ; — tous les journaux du parti auront pour lui des aménités charmantes, — il sera *grand*, il sera *fort*, il sera *noble*, il sera *beau*. Que si, au contraire, ce sont des noms appartenant au parti monarchique, il sera appelé *rural*, et tenu dans le plus parfait mépris. — Dans un cas comme dans l'autre, il ne sait guère cependant ce qu'il a fait. Hier, il a subi la pression de ceux-là, — aujourd'hui, la pression de ceux-ci. Il n'a fait après tout que mettre dans l'urne le petit papier qu'on lui avait commandé d'y déposer. Si ce petit papier ne vaut rien, ce n'est pas son affaire, — qu'on s'en prenne à ceux qui le lui ont donné. — Mais il commence à s'apercevoir que de quelque côté qu'il se tourne il fait des mécontents, qu'ils se crée des ennemis, lui qui n'en avait jamais eu! Cela le fait réfléchir. Il se demande déjà s'il ne serait pas plus sage de ne voter ni pour les uns ni pour les autres, et au lieu de se rendre à ses *comices*, d'aller tout bonnement à son champ arracher les mauvaises herbes et écheniller ses arbres. Que la France s'arrange toute seule, et fasse comme lui, si elle l'en croit.

Espérons que le jour viendra où le peuple nous donnera cette grande leçon de sagesse! Et pour peu que les élections continuent à se multiplier, ce jour pourrait même ne pas être aussi éloigné qu'on le pense.

XVI

Le principe de l'élection une fois admis, il faudra le pousser cependant jusqu'à ses plus extrêmes limites. Nous ne sommes pas gens, nous autres Français, à nous arrêter à mi-chemin. — C'est par l'élection populaire déjà que sont nommés nos représentants à l'Assemblée nationale, nos conseillers municipaux et, on peut dire, nos maires; bientôt, n'en doutons pas, c'est à l'élection que nous demanderons encore nos préfets et nos sous-préfets, notre magistrature et peut-être même les professeurs de nos collèges. Nous avons vu, dans la dernière guerre, les officiers des mobiles et des mobilisés choisis par leurs soldats eux-mêmes, et tout le monde sait les merveilleux résultats obtenus par ce mode de nomination. Il nous paraîtrait donc assez extraordinaire que nos gouvernants ne songeassent pas à appliquer aussi l'élection à l'armée. — Quand on a le bonheur de tenir un principe, il convient de ne pas le lâcher sans lui avoir fait rendre tout ce qui est en lui. Il faut être conséquents, — et, Dieu merci, nous nous piquons de l'être!

Et quoi de plus beau vraiment, de plus magnifique qu'un peuple nommant lui même ses magistrats et ses chefs! Quoi de plus touchant et de plus grand à la fois que de le voir se démettre de son autorité en faveur d'un homme sorti de ses rangs! Peut-on trouver acte plus admirable de liberté et de sagesse! Et quel pouvoir encore plus légitime et plus saint que celui qui est consenti et donné par celui-là même sur qui il doit être exercé! Un pareil pouvoir n'est-il pas à l'abri du moins de toute contestation, et l'autorité de celui qui en est revêtu ne doit-elle pas être à l'abri de toute attaque?

Ici encore l'application, nous le craignons fort, prépare d'amères et cruelles déceptions à nos politiques en chambre, à tous ces hommes qui, perdus dans leurs abstractions, se sont fait un peuple imaginaire qu'ils dotent complaisamment de toutes les vertus, de toutes les qualités, — mais qui, hélas! ne ressemble en rien à celui que nous voyons, et qu'ils prétendent conduire.

Espérerait-on vraiment, en faisant élire les magistrats par le peuple lui-même, ou même par ses délégués, se préserver mieux des mauvais choix, et surtout avoir bien fermé la porte aux cabales, aux intrigues et à toutes les manœuvres des ambitieux? — Aurait-on l'étrange illusion que c'est sur les plus dignes que se porteront toujours les voix de la foule? Et n'est-il pas à craindre encore que ces magistrats municipaux, nommés par leurs concitoyens, n'aient pas toute l'indépendance qu'ils doivent avoir, — qu'ils ne se sentent quelque peu mal à l'aise devant ce peuple qui les a faits, et qui a presque l'air d'être leur maître? Pense-t-on, d'un autre côté, que ce même peuple ait un respect bien profond pour ce magistrat qu'il a fait, qu'il pourrait au besoin défaire, qui peut-être est venu le solliciter, et dans lequel il est beaucoup plus disposé à voir un serviteur, une chose à lui, qu'un homme qui a le droit de lui donner des ordres? Difficilement on nous persuadera de plus que l'autorité de ce magistrat n'aura rien perdu de son prestige ni de sa force, dès qu'il ne la tiendra plus du chef de l'Etat lui-même.

Ce ne sont que des craintes que nous nous permettons d'exprimer ici, bien entendu : — l'expérience nous apprendra si elles sont aussi insensées, aussi chimériques qu'elles le paraîtront sans doute aux fervents apôtres du suffrage universel.

Gardons-nous de l'oublier trop! — c'est d'en haut que vient le pouvoir et jamais d'en bas. Puissions-nous donc n'avoir pas à nous repentir d'avoir voulu renverser la loi naturelle et intervertir l'ordre que Dieu lui-même a établi!

Que le peuple soit appelé à élire le chef de l'État, ou mieux à nommer ceux qui auront à le choisir pour lui, — c'est ce que sans difficulté nous admettons; mais, dès que le souverain est élu, — que ce souverain s'appelle roi ou président, — dès que le peuple a fait acte d'abdication en sa faveur et remis ses pouvoirs entre ses mains, — c'est à ce dernier seul qu'il appartient de choisir, à son tour, ceux à qui il veut confier une portion de l'autorité dont il est investi. Nous ne pouvons comprendre d'une autre manière la transmission du pouvoir, — et ceux qui, comme nous, ne voient pas le salut de la France dans un nouvel affranchissement des communes, qui, au lieu de vouloir affaiblir les liens qui unissent nos provinces entre elles, souhaiteraient bien plutôt les voir se resserrer encore, — ceux-là nous accorderont sans peine qu'il n'est pas de moyen plus sûr que celui-là de conserver au pouvoir son unité en même temps que son prestige.

Comme tant de choses en ce monde, le suffrage universel est donc admirable, en théorie, — mais les inconvénients qu'il présente dans l'application sont tels, qu'il cesse d'atteindre son but et ne devient plus qu'une farce ridicule. Il n'est personne qui ne le comprenne aujourd'hui ; et cependant que de gens, même parmi ceux qui hésitent le moins à convenir de ses défauts, qui ne veulent pas qu'on y touche ! « C'est vrai, nous disent-ils, il fonctionne assez mal, et les résultats qu'il donne sont déplorables ; mais c'est un principe, il faut le maintenir. » — En France, on a tout dit quand on a prononcé le mot de *principe*. Perdons le pays, mais sauvons le *principe!* Voilà comme nous sommes nous autres. Et dire que nous passons, chez nos voisins, pour un peuple sans principes !

« Quand le suffrage universel, — ajoute-t-on encore, » — sera mieux acclimaté chez nous, quand surtout l'ins- » truction aura pénétré jusqu'aux plus basses couches » de notre société, — nul doute qu'il ne se relève et n'ar- » rive à donner tout ce qu'on attend de lui. » — D'accord ; mais si vous reconnaissez que l'instruction manque au peuple, et que le suffrage universel ne peut fonctionner bien que dans une nation éclairée, pourquoi, nous le répéterons, n'avoir pas attendu que le peuple fût arraché à son ignorance pour mettre à sa disposition une arme aussi dangereuse ? Quel est le père qui laisserait un fusil chargé aux mains de son enfant, sous prétexte qu'il doit, de bonne heure, s'habituer à le manier ?

D'autres enfin reconnaissent, sans trop de difficultés, les abus auxquels le suffrage universel donne lieu, les vices dont il est entaché, les dangers qu'il présente, et ont même la bonne foi de convenir que le peuple commence à se lasser un peu de toutes ces promenades qu'à tout propos on lui fait faire. Le droit dont il s'est montré si heureux et si fier aux premiers jours où il lui fut octroyé, — ce droit a eu le sort de toutes les choses humaines, — il n'a pas tardé à perdre son prestige, et ce n'est plus guère que de l'ennui qu'il lui apporte que le peuple s'aperçoit aujourd'hui. — « Et cependant il serait difficile et dangereux surtout, ajoutent ces mêmes hommes, d'essayer de lui retirer ce droit. Il veut bien n'en pas user, mais gardez-vous de croire pour cela qu'il n'y tienne pas! Vous entendriez un beau tapage, si seulement on parlait de le lui enlever! — c'est fait, et il n'y a plus à revenir là-dessus. » L'histoire toujours de l'enfant à qui l'on a donné un jouet dont il est fatigué, qu'il ne regarde plus, et qu'il ne veut pas cependant qu'on lui reprenne, — auquel personne ne doit toucher. Oui, le malheur est certainement qu'on ait imprudemment, niaisement donné au peuple un droit redoutable, quand il ne peut comprendre encore les devoirs que ce droit lui impose, — quand il est même si loin d'en mesurer la portée, de pouvoir l'apprécier seulement.

Nous n'avons certes pas la naïveté de croire que ce serait sans bruit et sans soulever d'ardentes récriminations que le suffrage universel pourrait lui être retiré (1). La question n'est pas là toutefois. — Ce qui importe ici, c'est de savoir s'il n'y a pas danger plus grand à le lui laisser qu'à le lui reprendre. Nous demandons pardon au lecteur d'en revenir à notre exemple de l'enfant, mais cet exemple nous semble d'autant plus propre à rendre notre pensée, qu'il y a entre le peuple et l'enfant une ressemblance qui, de tout temps, a été constatée par les historiens aussi bien que par les philosophes. Quand on a donc commis la... sottise (sachons appeler les choses par leur vrai nom), de donner à un enfant une arme avec laquelle il peut blesser les autres et se blesser

(1) Ce n'est point le peuple cependant qui crierait encore le plus fort, on peut en être assuré; — mais ceux qui nous étourdiraient de leurs clameurs, par exemple, — ceux sur le calme desquels il ne faudrait point compter, — ce sont tous ceux qui se servent du peuple et savent si bien jouer du suffrage universel.

lui-même, doit-on hésiter à la lui enlever? Doit-on, par hasard, reculer devant les cris de colère qu'il va pousser, s'arrêter devant la crainte des emportements auxquels il ne va pas manquer de se livrer?...

C'est une hardiesse qu'on ne nous pardonnera pas, nous le savons, que d'avoir osé touché à l'arche sainte, — que d'avoir osé conseillé de reprendre au peuple un droit qui fait « son orgueil et sa force ». D'avance nous nous résignons à toutes les imprécations qui vont pleuvoir sur nous. Un jour peut-être nous sera-t-il rendu meilleure justice, et comprendra-t-on comme nous qu'il n'y a pas de gouvernement possible avec le suffrage universel tel que nous l'avons.

XVII

On a, de notre temps, beaucoup accusé le clergé d'être opposé à l'instruction du peuple. C'est là une accusation qui doit aller rejoindre toutes les absurdités qui se sont débitées et se débitent encore sur lui. Quel intérêt, nous le demandons, le clergé trouverait-il dans *l'abrutissement* du peuple? car c'est là le mot que l'on emploie. — Quels si grands avantages le prêtre peut-il retirer de l'ignorance des populations vers lesquelles il est envoyé? Ne serait-il pas bien plus vrai de dire que cette ignorance est ce qui rend précisément sa tâche si difficile, si ingrate? — Ah! si nous savions être un peu justes envers lui, ne devrions-nous pas reconnaître que le clergé est peut-être celui qui a fait et continue à faire le plus pour propager l'instruction, pour la faire pénétrer dans les classes les plus humbles, les plus pauvres de la société.

Les services rendus par les frères de la Doctrine chrétienne peuvent bien être contestés, niés même par les *mangeurs de prêtres*, ces hommes toujours à l'affût des moindres scandales qui se produisent dans le clergé et qui éprouvent un si grand bonheur à les signaler, à les dénoncer au monde entier, dans l'espoir de faire partager aux autres le mépris et la haine qu'ils lui portent, — ces services n'en restent pas moins inappréciables et au-dessus de toute attaque. L'instruction que les enfants du peuple reçoivent dans leurs écoles est préférée encore par l'immense majorité des pères de famille, — par les moins religieux mêmes, — à celle des instituteurs laïques. Ce fait parle plus haut que les perfides insinuations et les pauvres raisons de ceux qui leur font la guerre, — de tous ces républicains qui veulent de la liberté pour eux et point pour les autres.

Eh bien, n'est-ce pas au clergé catholique que sont dus cependant ces nombreux établissements de frères, — n'est-ce pas lui qui les a amenés jusque dans nos plus misérables bourgades? — « Mais, en faisant cela, il travaille pour lui », nous criera-t-on du fond de l'estaminet. Non, il travaille pour le pays, car il veut, en donnant l'instruction à vos enfants, donner en même temps une discipline à leur esprit, mettre en leur cœur des principes qui fassent d'eux un jour de bons et honnêtes citoyens, et non de tristes faiseurs de barricades.

N'insistons pas toutefois. Nous savons trop que ce qui est, pour nous, à l'honneur du clergé, est ce qui précisément lui est le plus reproché par nos adversaires. Ils ne lui pardonneront jamais d'avoir *empiété*, comme ils le disent, sur les droits de l'État, et de *s'être emparé* de l'éducation des enfants du peuple. C'est un crime qu'il aura à expier tôt ou tard!!...

Mais nous allions oublier que nous sommes en république! Oubli assez étrange, lorsque la république a si grand soin de nous rappeler à chaque instant son existence. — Or, une république qui se respecte, — dès qu'elle a changé le nom des rues, bien entendu, balayé tous les souvenirs de la *tyrannie* et un peu assaini la maison, — se doit, on le sait, d'expulser les jésuites; — cela fait partie du programme. — Bannir les jésuites, c'est, dans l'esprit des républicains, décapiter le monstre tant redouté, c'est frapper le *cléricalisme* au cœur. — Ce n'est aussi qu'après avoir chassé « ces hommes noirs, auteurs de tous les maux de l'humanité », que la république, paraît-il, se considère comme définitivement fondée, qu'elle commence à respirer à l'aise et s'estime à l'abri de tout danger. Le malheur veut (pour la république, non pour nous!), que les jésuites soient un peu plus vivaces qu'elle. La république, en effet, ne tarde guère à s'user et tombe au bout d'un temps plus ou moins long. Jésuites alors de revenir, — pour être, cela va de soi, vingt ans, trente ans après, chassés encore. Que voulez-vous? C'est la destinée de cet ordre. S'en porte-t-il moins bien? Nul ne le pense. Il se pourrait, au contraire, que cet acharnement bête qu'on met à le poursuivre, à vouloir le charger de tous les méfaits, — que cette puissance occulte, que cette influence ténébreuse et planant sur l'univers entier, qu'on se plaît à lui accorder toujours et qu'un roman ridicule n'a pas peu contribué à accréditer dans le peuple, — que tout ce qui, en un mot, a été écrit et fait pour le rendre odieux et pour le renverser, lui eût précisément donné une force plus grande, une puissance plus considérable que celle qu'il aurait eue. C'est le propre des persécutions d'amener de pareils résultats.

En attendant, jésuites, frères ignorantins, religieux et religieuses de tous ordres ne tarderont pas à recevoir leur *exeat*, — tout au moins à se voir retirer l'autorisation d'enseigner, on peut s'y attendre (1). Ne savons-nous pas déjà comment nos républicains entendent la liberté!

(1) On verra peut-être, un jour, ces hommes qui ont le plus déclamé contre la révocation de l'édit de Nantes, qui ont chargé la mémoire de Louis XIV de tant d'anathèmes et ont accusé ce monarque, — avec quelque raison, nous n'hésitons pas à le reconnaître, —

Mais, en France, — et c'est là une chose affligeante et consolante à la fois, — la stabilité n'est plus acquise à rien aujourd'hui, et si le bien n'y prévaut pas longtemps, le mal, en revanche, n'y a pas davantage de durée. Nous semblons condamnés, depuis près d'un siècle, à tourner incessamment dans le même cercle. Comme de malheureux chevaux de manège, nous nous essoufflons à courir, et, lorsque nous nous croyons très loin de notre point de départ, nous nous trouvons encore à la même place. — A chaque forme nouvelle de gouvernement, — revirement complet, changement sur toute la ligne. Celui-ci se hâte de nous enlever tout ce que l'autre nous avait donné. Mais à ce gouvernement, il est vrai, en succèdera bientôt un autre qui s'empressera de nous rendre tout ce qui nous avait été enlevé. Système charmant de bascule qui donne, tour à tour, raison et tort à chacun et laisse toujours l'espérance à ceux qui descendent. — Et il pourrait en être ainsi jusqu'à la fin des temps, si le peuple, lassé d'un jeu dont il fait tous les frais, ne se ravise enfin et résolument ne se refuse à prêter son dos à tous ceux qui veulent s'élever.

Quand les convictions ont, au reste, abandonné les esprits, et qu'il n'y a plus, à leur place, que l'intérêt, — cet intérêt se déguisa-t-il même sous le nom de parti, — pourrait-il en être autrement?

Comédie, nous le répéterons, comédie bien triste que

d'avoir porté atteinte à la richesse du pays, en forçant à aller se réfugier chez nos voisins des industries qu'ils nous enviaient et qui les avaient faits jusque là nos tributaires; — on verra, disons-nous, ces mêmes hommes, — qui en tant d'occasions ont proclamé la liberté de conscience la première et la plus inviolable des libertés humaines, — faire pour nos ordres religieux ce que Louis XIV fit pour les protestants et ne pas hésiter à priver la France des éminents services qu'ils lui rendent.

celle à laquelle nous assistons! spectacle navrant que celui que nous donnons au monde!...

Il est fort à présumer que nous n'échapperons pas, après les lignes qui précèdent, à l'épithète de *clérical*, dont il est fait si grand abus, de nos jours, — ce mot qu'on est arrivé à prononcer de telle façon, dans un certain camp, qu'on en a fait presque la dernière des injures. Pareille injure, qu'on le sache bien, ne nous blesserait guère. Nous devons à la vérité toutefois de déclarer que nul peut-être moins que nous ne mérite ce titre de *clérical*, — dans le sens surtout que nos adversaires y attachent.

Nous avons, nous ne nous en cachons point, un respect profond et une admiration sincère pour ces hommes dont la vie est toute d'abnégation et de sacrifices, — et les défaillances qui se produisent dans leurs rangs ne font même que mieux ressortir, pour nous, les vertus des autres. Et pourquoi d'ailleurs rendrions-nous le clergé plus responsable des fautes de quelques-uns de ses membres, que ne l'est l'ordre des avocats ou le corps médical des fautes commises par des hommes appartenant à l'un ou à l'autre de ces corps? Y aurait-il, pour le clergé, une législation particulière? Ferait-il donc exception à la loi commune, pour que ceux qui en font partie soient plus sévèrement jugés toujours que les autres hommes, — que les fautes, chez eux, cessent d'être personnelles et rejaillissent sur le corps tout entier dont ils font partie? — Allons, un peu de bonne foi, si c'est possible!

Mais si nous nous inclinons avec vénération devant le prêtre quand il se renferme dans les sublimes fonctions de son apostolat, — avec non moins de force que nos adversaires eux-mêmes, nous nous révolterions contre toute tentative d'ingérence faite par lui dans le domaine de la politique. Sa mission, — et c'est ce qui la rend par-dessus tout noble et sainte, — reste au-dessus des intérêts humains; — elle y touche et doit y toucher sans doute, mais sans jamais se confondre avec eux. C'est là sa grandeur, c'est là sa force.

Un gouvernement qui tient à vivre doit chercher son appui, sa base, si l'on aime mieux, dans la religion ; mais la religion ne doit point prendre son influence dans le protectorat d'un gouvernement quel qu'il soit. Toutes les fois qu'on a fait servir la religion d'instrument à la politique, on l'a détournée de sa mission véritable, — car il est de l'essence du christianisme de planer au-dessus de toute forme de gouvernement. Tant pis aussi pour les lois humaines quand elles ne s'accordent pas avec les lois divines. Un gouvernement dont les lois contrarieraient les grandes lois religieuses, serait, selon nous, un gouvernement sans avenir.

Voilà notre profession de foi ! Nous ne savons si elle est à sa place ici, — si surtout elle était bien nécessaire. N'importe, nous l'avons faite et ne nous en repentons point. A une époque où tant de gens font parade de leur scepticisme et sont fiers de ne plus croire à rien (si ce n'est à eux-mêmes), il n'est point mauvais que ceux qui ont le bonheur de croire encore à quelque chose, affirment leurs croyances.

Revenons à notre sujet maintenant.

Le peuple suffisamment instruit sera-t-il cependant plus républicain? C'est une question que nous ne nous chargerions pas de décider. — Plus instruit, il sera incontestablement mieux préparé à comprendre et à apprécier une pareille forme de gouvernement, plus capable de remplir le rôle qui lui serait réservé; — nous n'oserions rien avancer de plus. Nous savons pertinemment que l'instruction ne mène pas nécessairement au républicanisme, — il nous est moins prouvé qu'une demi-instruction n'y conduise pas. Une instruction sérieuse et solide ne nous épouvante donc guère, — une instruction incomplète nous rassure beaucoup moins.

Il serait certes difficile d'admettre qu'une instruction pareille à celle que reçoivent les enfants des classes riches, puisse-être jamais donnée au peuple. L'instruction a ses degrés divers, et pas n'est besoin que celui qui doit demander son existence aux rudes travaux des champs soit initié aux beautés des littératures anciennes, pas plus qu'aux tristes divagations des philosophes. Mais ce qu'il convient de donner au peuple, ce qu'on peut lui donner toujours, ce sont des croyances, des principes religieux qui l'aident à supporter sans murmure et sans révolte les misères et les souffrances qu'il pourra trouver sur son chemin, qui l'empêchent de jeter des regards de haine et d'envie sur ceux que, à côté de lui, la fortune a comblés de ses faveurs.

Le malheur de notre temps, le malheur de notre pays surtout, ainsi que nous aurons à le dire plus loin, — c'est que l'on ait éteint chez le peuple cette foi en une autre vie, cette espérance d'une rémunération future qui le soutenait dans ses défaillances.

L'homme n'agit que parce qu'il croit, a dit un penseur célèbre, et croire, c'est espérer. Il faut donc à l'homme, pour marcher dans la vie, une espérance en avant, qui l'éclaire et le conduise, comme cette nuée lumineuse qui jadis guida les Hébreux dans le désert.

L'espérance, c'est cette petite lumière tremblotante, entrevue par le voyageur à travers les arbres de la forêt, et qui, lorque la lassitude l'a jeté haletant sur le bord du chemin, lui redonne des forces et le fait se remettre en route.

N'éteignez donc pas la lumière qui, dans les ténèbres, guide le pauvre voyageur égaré, et gardez-vous plus soigneusement encore d'arracher l'espérance du cœur des malheureux! La nuit la plus noire n'est rien auprès de cette nuit qui se fait dans l'âme humaine, quand les croyances l'ont désertée et que toute espérance s'est éteinte en elle!

XVIII

Il est de l'essence des choses humaines d'aller se modifiant sans cesse, de se transformer, de changer dans le temps. Législation, mœurs, coutumes, institutions, langue même, tout est soumis à la loi générale du progrès : rien ne se présente à nous avec le caractère de l'immutabilité. Il serait donc puéril de vouloir, — ainsi que nous le disions aux premières pages de cette étude, — qu'un peuple restât fidèle aux institutions politiques qu'il avait à son origine, qu'il gardât à jamais la forme de gouvernement qu'il s'est une fois donnée.

Un peuple a toutefois, à peu près toujours, — on peut le soutenir, — la forme de gouvernement qui convient le mieux à son tempérament et à son état de civilisation. Il n'est aucune de ces formes sans doute qui n'ait ses inconvénients, ses défauts ; il n'en est, en revanche, aucune qui n'ait eu sa nécessité et son utilité, aucune qui puisse être déclarée absolument mauvaise. Ceux donc qui, de nos jours, se montrent si prompts à condamner le passé, à accuser et à maudire même nos vieilles monarchies, et qui voudraient ne faire dater notre histoire que de l'ère républicaine, — nous semblent faire preuve de pauvreté d'esprit autant que d'ignorance. Il importe, avant tont quand on veut sainement apprécier et juger un fait, de ne point le détacher, l'isoler des autres faits auxquels il se trouve lié, et qui ont pu et dû souvent influer sur lui ; — il importe surtout de tenir compte et du temps et des milieux dans lesquels il s'est produit. C'est avec la même circonspection et en appliquant une méthode pareille qu'il convient de procéder, si l'on veut pouvoir porter un jugement équitable sur les diverses formes de gouvernement que les sociétés humaines ont connues.

Les peuples, à leur naissance, ont tous senti le besoin d'obéir à une volonté unique, de se soumettre à quelqu'un qui pût les diriger et les protéger à la fois. Sans peine ils acceptaient donc celui qui s'imposait à eux par la force ou par le prestige des grandes actions. Que le pouvoir exercé par ces hommes fut le plus souvent tyrannique, c'est ce que nous ne nierons pas. On comprendrait difficilement qu'il ne l'eût pas été. — Quelque répugnance, — quelque répulsion même que l'on ait pour l'autocratie d'ailleurs, on est forcé d'en admettre la nécessité quelquefois et de reconnaître qu'il est, dans la vie d'un peuple, des époques où l'autorité doit être concentrée dans une seule main, où il faut que l'homme qui gouverne soit armé d'un pouvoir à peu près absolu.

A mesure qu'ils grandissent et accquièrent avec le sentiment de leur force, celui de leurs droits, les peuples cependant ne tardent pas à donner des signes d'impatience, à faire entendre des murmures. A ces symptômes, dont il est si rarement tenu compte par ceux qui gouvernent, succèdent bientôt des révoltes qui, en amenant des répressions violentes, tôt ou tard les conduisent à secouer avec plus ou moins d'éclat le joug qui pesait sur eux. Dès ce moment la voie est ouverte et pour eux l'émancipation commence. La marche en avant ne s'arrêtera plus. Lente sans doute sera cette marche, mais d'autant plus sûre qu'elle aura été moins précipitée. Les hommes pourront bien la contrarier quelquefois, les circonstances apporter des temps d'arrêt, amener même des retours en arrière, — qu'on se rassure, le fleuve, un instant arrêté, emportera l'obstacle qu'il avait devant lui et aussitôt reprendra victorieusement et majestueusement son cours.

S'il y a danger cependant à vouloir suspendre le mouvement qui entraîne les sociétés, à comprimer les aspirations et les élans des peuples, à prolonger pour eux une tutelle qui tend à leur enlever tout ressort et ne laisse pas place à la dignité humaine plus qu'à la liberté, — il y a danger plus grand encore peut-être à vouloir, avant l'heure, faire entrer les peuples dens la plénitude de leurs droits. Les hommes aussi qui follement les excitent et les poussent, qui vont jusqu'à armer leurs bras pour la conquête de ces droits nous paraissent beaucoup plus coupables que ceux qui trop longtemps les retinrent dans un humiliant servage.

Toute compression portée au delà de certaines limites, fatalement désorganise ou est suivie d'un réaction dangereuse. On peut donc comprendre qu'un peuple en arrive quelquefois à des révoltes terribles et que, dans son histoire, il puisse se trouver des pages tachées de sang. Mais si nous allons jusqu'à admettre de pareilles révoltes et à leur trouver même une excuse, nous gardons en même temps la conviction, quand nous les voyons se renouveler trop souvent, qu'elles sont dues bien moins à la compression exercée par les gouvernants qu'aux sourdes menées, aux excitations perverses de ceux pour qui le peuple n'est qu'un instrument dont ils se servent. Un pays où la révolution est passée à l'état endémique nous inspire aussi beaucoup plus de pitié que d'intérêt, et nous semble un pays qui agonise plutôt qu'un pays qui cherche sa voie.

Nous ne croyons point en effet que l'état d'un peuple ne puisse s'améliorer que par les moyens violents, — que, pour détruire un abus, faire disparaître un privilège, obtenir le plus petit droit, il faille tout bouleverser toujours, tout renverser, et ébranler une société jusque dans ses fondements. Tandis que, à côté de nous, l'Angleterre, sans bruit, sans secousses, accomplit de sages réformes, — que chaque jour elle corrige sa route, pour nous servir d'une expression des hommes de mer, — qu'elle apporte à son administration quelque modification heureuse et ne se laisse devancer par aucune autre nation, dans la voie du progrès ; tandis que, attentive à tous les mouvements de ses peuples, elle étudie leurs aspirations, leurs besoins, et sait, toujours à temps, leur donner la satisfaction qu'ils réclament, — nous ne savons, nous, hélas! faire que de bruyantes révolutions qui fatiguent, épuisent le pays, le laissent pour longtemps troublé, énervé, inquiet, et qui, en somme, ne lui ont jamais valu qu'un changement de maîtres. Nous ressemblons à cet homme des contes d'enfants, qui, à chaque amélioration qu'il voulait apporter à sa maison, commençait par la jeter par terre, et se mettait à la rebâtir ensuite.

On ne cesse de nous présenter le gouvernement républicain comme le seul gouvernement humain que la raison puisse admettre, comme la dernière expression du progrès en politique, comme le gouvernement, en un mot, qui clôt la série et, après lequel, — pour nous servir d'une expression vulgaire, — il faut tirer l'échelle. Nous serions donc arrivés au sommet du mât et aurions décroché la timbale ? D'honneur, nous ne nous en doutions guère.

Nous n'avons certes point hésité à reconnaître l'excellence de la forme républicaine et à convenir de la supériorité que, sagement appliquée, elle aurait sur toutes les autres formes de gouvernement; nous n'hésiterions pas davantage à l'accepter, si nous pouvions espérer que la république restât fidèle à son programme. Ce n'est point elle en effet que nous redoutons. — Nous l'avons dit et nous le répétons encore, — ce sont les républicains ou plutôt ceux qui se donnent pour tels, — ce sont les hommes qui s'en sont faits pour ainsi dire les grands prêtres. Un gouvernement quel qu'il soit est malheureusement un peu ce que les hommes le font, et en certaines mains le meilleur peut devenir le pire. Or, la part d'action laissée aux hommes, dans le gouvernement républicain, nous paraît beaucoup trop grande : nous la sentons trop. Les lois, qui sous le régime parlementaire, sont une barrière que nul n'oserait enfreindre, ne semblent plus ici nous protéger suffisamment : nous voyons des hommes disposés à faire courber les lois devant eux, bien plus qu'à se courber devant elles. Ce peuple, d'un autre côté, sans cesse détourné de son travail, maintenu dans une constante agitation par les meneurs de tous les partis et si intimement mêlé aux affaires publiques, est loin de nous rassurer. — Il y a plus, — en autorisant et favorisant toutes les ambitions, même les plus insensées, — en entretenant dans le pays une sorte de fièvre politique et créant entre les citoyens des animosités dangereuses, — en élevant le trafic des votes presque à la hauteur d'une institution, et donnant par là aux hommes les plus médiocres, les moins recommandables, le moyen d'arriver aux positions les plus hautes, — la république, au lieu de nous faire envisager l'avenir avec confiance, ne nous laisse plus qu'un sentiment d'indicible appréhension. Malgré les apparences, le terrain sur lequel nous marchons ne nous semble pas solide : nous sentons, par instants, comme des frémissements passer sous nos pieds et, involontairement, nous nous rappelons ces malheureux pays où, par le ciel le plus serein, tout à coup la terre tremble et s'entr'ouvre, renversant et engloutissant des cités entières. Moins que tout autre gouvernement, la république, pour tout dire, ne nous semble offrir des garanties contre les entreprises des ambitieux et des aventuriers, qui trop facilement peuvent, à un moment donné, la jeter hors de sa voie, la conduire aux plus redoutables excès.

XIX

Longtemps la mode fut en France de se tourner avec admiration et amour vers les républiques de l'antiquité, de les donner pour modèles aux jeunes générations. Grâce à Dieu, nous en avons aujourd'hui à peu près fini avec elles. Aurait-on compris que le monde a marché cependant, que nous nous trouvons dans des conditions quelque peu différentes de celles où se trouvaient ces républiques? La fin qu'elles eurent aurait-elle donné à réfléchir à nos grands admirateurs du passé et refroidi leurs enthousiasme, — ou se seraient-ils seulement convaincus que difficilement on ferait de nous des Romains ou des Spartiates? Nous ne pourrions le dire. La meilleure raison à donner peut-être est que le vent a tourné, que Grecs et Romains ont fait leur temps. Ils ne se plaindront pas, — espérons-le, — pendant près d'un siècle ils auront tenu l'affiche.

En ce moment, c'est vers la Suisse et les Etats-Unis que se dirigent les regards des républicains français. — Ce sont ces deux républiques en effet que, avec tant d'emphase, ils nous vantent aujourd'hui et se proposent d'imiter. Nous soupçonnons fort, hélas! nos républicains de les connaître assez mal. La république qu'ils nous donnent est loin, dans tous les cas, de ressembler à celles qu'ils nous offrent comme exemples.

Les Américains, quoi qu'il en soit, ne nous rendent guère l'admiration que nous avons pour eux. Ils prétendent même que nous ne sommes point faits pour la république et que la liberté est un mot dont nous usons beaucoup, mais que nous ne paraissons pas comprendre. Combien ils ont raison ! — La France, — il nous en souvient encore, — ne put dissimuler sa surprise, en apprenant le peu d'enthousiasme que provoqua, de l'autre côté de l'Atlantique, la nouvelle de la proclamation de la république dans notre pays. L'explication en est facile cependant. Les Américains, tout républicains qu'ils sont, n'ont pas, comme nous, la ridicule manie de la propagande et s'inquiètent peu de la forme de gouvernement des autres nations. Ils trouvent la république bonne pour eux et la gardent, — mais ils n'en sont pas encore arrivés à croire que, pour un peuple, il ne puisse, hors de la république, plus y avoir de salut. — Une autre raison, c'est qu'ils se méfient assez de toutes nos révolutions et pensent que nous pourrions trouver à passer notre temps beaucoup plus avantageusement, utiliser mieux nos capitaux et nos forces. Ils sont trop habitués d'ailleurs à cette comédie de la république qui est au bout de chacune de nos révolutions, pour y attacher grande importance.

Nous venons de dire que les États-Unis d'Amérique, — qu'ils aiment si volontiers à citer, — étaient très imparfaitement connus de nos républicains. Il nous serait facile en effet de montrer que cette république modèle a ses inconvénients, ses abus, ses défauts et ses vices, ni plus ni moins qu'une monarchie, et que tout est loin d'être pour le mieux, même dans la meilleure des républiques. Sans peine nous trouverions chez elle plus d'un argument en faveur de notre thèse.

Les Américains, dont le tempérament diffère essentiellement du nôtre, ont certes pour leurs institutions un attachement, et, pour la liberté, un respect que nous ne pouvons qu'admirer. Ils sont non seulement républicains sincères, mais ils sont encore dignes du gouvernement qu'ils se sont donné. La république certes était bien ce qui convenait à ces natures indépendantes, à ces intrépides pionniers d'un monde nouveau, à ces hommes aux libres allures, marchant avec tant de hardiesse dans la vie, et qui si fièrement et avec un si superbe dédain se sont affranchis des préjugés et des conventions sociales de nos vieilles civilisations. Oh! non, nous n'eussions pas compris la monarchie pour un pareil peuple.

Et cependant, voici que, même chez eux, certains doutes commencent à naître. A mesure qu'ils se dépouillent de leur ancienne rudesse, que, — leurs rapports avec l'Europe devenant plus rapprochés, plus intimes, — ils subissent l'influence de nos arts, peut-être aussi la contagion de nos idées, de nos mœurs, de notre luxe, — les Américains semblent avoir perdu quelque chose de leur rigorisme politique. Il s'est établi, chez eux, — depuis quelques années surtout, — des courants d'opinion qui déjà préoccupent leurs hommes d'État. Les esprits sérieux ne peuvent aussi dissimuler les craintes que l'avenir leur inspire, et avec inquiétude suivent ces premiers symptômes d'un mal encore à l'état latent. — Ce corps puissant dont nous admirons tant l'exubérance de vie, porte en effet en lui les germes d'une de ces crises terribles qui toujours accompagnent les transformations et les changements que les sociétés traversent. Nous ne voulons certes point nous poser ici en prophète, mais nous avons la conviction que, dans un temps plus ou moins éloigné, on verra la grande république américaine se désagréger et se diviser en plusieurs États, — qui tous peut-être ne resteront pas fidèles à la forme républicaine. Ainsi donc, tandis que notre vieille Europe emprunterait à l'Amérique ses institutions politiques, il se pourrait que l'on vît, un jour, les peuples du nouveau monde adopter les formes gouvernementales dont nous ne voulons plus. Echange aimable, mais qui ne prouverait pas précisément en faveur du régime que l'on nous vante tant!

C'est que, il faut bien le reconnaître, si les monarchies s'usent, les républiques ne s'usent guère moins. Nous avons vu des républiques substituées aux monarchies, et, tout aussi souvent, des monarchies succéder aux républiques.

Comment se fait-il donc que ce gouvernement si supérieur à tous les autres n'ait pas été conservé? Que les peuples qui l'avaient n'aient pas su mieux le défendre? Qu'ils aient pu se laisser enlever des institutions auxquelles ils devaient être si fortement attachés cependant? — N'y a-t-il pas dans ce fait quelque chose déjà qui porte à réfléchir et ébranle un peu la confiance accordée à un pareil régime? Cela ne nous conduit-il pas à douter que la république soit le dernier terme, le plus haut perfectionnement que les gouvernements humains puissent atteindre, que seule elle soit capable de donner satisfaction entière aux aspirations des peuples, et, — en assurant leur libre développement, en les mettant en pleine possession de toutes leurs facultés, — les faire arriver à ce bonheur après lequel ils aspirent et que les peuples aussi bien que l'individu poursuivent sans cesse.

Mais ne nous laissons pas trop étourdir par tout le bruit qui se fait autour de ce mot de « république », et n'accordons pas plus de valeur qu'il n'en a à ce grotesque enthousiasme d'une partie du peuple; — nous verrons, dans un instant, si cet enthousiasme est bien justifié. Surtout, ne nous payons pas constamment de mots et tâchons de ne pas tourner de parti pris le dos à la lumière et à la vérité !

En quoi, — nous le demandons avec sincérité, — la république que nous avons l'emporte-t-elle tant sur les gouvernements qui l'ont précédée? — Sérieusement, nous ne le voyons pas. — Estimerait-on que la somme de libertés et de garanties données par le régime parlementaire ne vaut pas celle qui nous est donnée par la république? L'illusion serait singulière. Qu'on regarde l'Angleterre, et qu'on nous cite une liberté, un droit, un simple avantage que nous possédions et qu'elle n'ait pas. Qu'on nous dise si, chez nous, la liberté est mieux comprise, l'individu mieux protégé, la propriété beaucoup plus respectée. — L'Angleterre est monarchique et foncièrement monarchique; en vaut-elle moins? Est-elle moins riche, moins forte, moins puissante pour cela ? — Ses finances ne sont-elles pas prospères? Son commerce n'est-il pas des plus florissants? Son industrie ne tient-elle pas encore la première place sur les marchés du monde entier ? — sur quel point la trouvons-nous par hasard inférieure à la France républicaine?

On nous objectera peut-être la misère des basses classes, le paupérisme qui, dans le Royaume-Uni, a pris des proportions véritablement inquiétantes. Oui, c'est là le point noir pour l'Angleterre. Nous avons aussi le nôtre!... Ce n'est pas le régime monarchique qu'il conviendrait toutefois de rendre responsable de cette plaie sociale qui afflige notre voisine : ce mal tient à des causes absolument étrangères à la forme du gouvernement, — à un état économique surtout que nous n'avons pas à juger ici. Ce n'est pas la république, dans tous les cas, qui la guérirait de ce mal, on peut en rester assuré.

Parmi les choses les plus reprochées aux gouvernements monachiques, les plus violemment attaquées par les républicains, il en est une dont les inconvénients, les dangers même ne sauraient être niés sans doute, mais qui ont été beaucoup exagérés, à notre avis,— c'est le principe d'hérédité. Il ne serait certes point difficile de prouver que les avantages qu'offre l'hérédité, balancent avantageusement encore les dangers qu'elle présente ; — mais une pareille démonstration serait d'autant plus inutile ici que, avec le régime parlementaire, l'hérédité a perdu ses inconvénients les plus graves, aujourd'hui. Le gouvernement électif d'ailleurs n'a-t-il pas les siens également? Ces élections présidentielles revenant tous les quatre ou cinq ans agiter le pays, mettre sur pied les ambitieux, réveiller l'assourdissant essaim des frelons politiques et rouvrir la porte aux intrigues, aux cabales et à ces luttes qui si souvent laissent de dangereux levains au fond des cœurs, — sont-elles bien exemptes d'inconvénients aussi ?

Si le président élu est un homme qui ne marche point à la remorque de ses ministres et sache faire prévaloir sa volonté, qui, par-dessus tout, ait à cœur la prospérité et l'honneur du pays, — nous trouverons trop court le temps qui lui aura été accordé pour faire le bien. Nous trouverons ce temps beaucoup trop long, au contraire, si c'est à un homme de médiocre valeur, sans caractère et sans autorité que les suffrages soient allés. Dans les deux cas, cette magistrature suprême, limitée à la fois du côté du temps et du côté des pouvoirs qui lui sont donnés, ne nous inspire qu'une très faible admiration et son utilité même est loin de nous être bien démontrée. — Mais achevons l'étude comparative que nous avons commencée.

XX

S'il faut en croire les journaux républicains, dans les récits qu'ils nous font, — au lendemain surtout de leurs fêtes patriotiques, — l'enthousiasme du peuple pour la république est tout bonnement *indescriptible.*

Si cet enthousiasme se mesure en effet aux hurlements qu'il nous a été quelquefois donné d'entendre, à cette pantomime, à ces gestes épileptiques dont il accompagne le chant obligé de la *Marseillaise*, à la fureur surtout qui le transporte, dès qu'il entend « dans la campagne, mugir des féroces soldats », — oh! nous convenons volontiers que le mot d'*indescriptible* est le seul qui puisse être employé ici. Ce peuple cependant ou, plutôt, cette foule que nous retrouvons à toutes les manifestations, qui a pour la république un si prodigieux amour et dont le bonheur touche véritablement à l'ivresse, au délire, — cette foule pourrait bien être la même que nous avons entendue déjà, avec les mêmes cris, le même enthousiasme, aclamer l'empereur tant de fois. Mais n'allons pas trop au fond des choses !... Le peuple, nous dit-on, a obtenu tout ce qu'il désirait et sa félicité est complète. — Nous ne pouvons que nous en réjouir. Nous voudrions seulement que le peuple nous donnât lui-même le secret de son bonheur et nous apprît de quelle manière la république a su améliorer son sort, au point d'exciter en lui pareille liesse.

Serait-ce que son travail est moins lourd qu'il n'était? qu'il est plus assuré, mieux rémunéré? Hélas ! rien de changé pour lui, de ce côté, nous le savons. — Le commerce serait-il, par fortune, sorti de son *marasme?* l'agriculture aurait-elle enfin trouvé les bras qui lui manquaient? La vie serait-elle à meilleur marché? — Mais le commerce au contraire se dit en détresse, l'agriculture continue à se lamenter et nous n'entendons que plaintes sur le renchérissement général.

Les impôts alors, — cette chose qu'il n'a jamais bien pu comprendre, qu'il est toujours prêt à trouver inique et qui est pour lui comme un baromètre d'après les indications duquel il juge les gouvernements, — les impôts auraient-ils été diminués? Mais non, ils ont été augmentés et dans d'assez cruelles proportions encore. La république, il est vrai, ne saurait porter la responsabilité de cette aggravation, nous lui devons de le déclarer. — En attendant, que le peuple nous dise alors d'où lui vient son bonheur, car nous nous reconnaissons incapable de le deviner nous-même. Que lui a donc donné la république qu'il n'ait pas eu sous la monarchie de Juillet et même sous l'empire? La liberté, nous dira-t-on peut-être. Un grand mot, mais un mot bien vague et sur lequel il serait bon de s'entendre une fois pour toutes. De quelle liberté veut-on parler ? car il n'en existe pas qu'une seule. Est-ce de la liberté politique? Ici encore aurions-nous besoin de quelques explications. Mais passons. — Si le peuple a reconquis sa liberté, comme on le lui crie de tous les côtés et comme il a fini par le croire lui-même, — c'est donc qu'il était esclave?

Eh bien, soit, il l'était, nous l'accordons ; — en quoi seulement l'est-il moins aujourd'hui? De quel droit nouveau s'est-il enrichi? Quel changement a été apporté à sa condition?

Question naïve et que nous supplions qu'on nous pardonne! Le peuple est devenue *souverain*, — d'esclave il est devenue *maître*, et nous osions demander ce que la république a fait pour lui! Une fois encore nous en demandons pardon à la république et au peuple. — C'est que c'est une souveraineté si... étrange, que la sienne, si en dehors de toutes les idées que ce mot éveille, que nous n'avons pu nous y habituer encore. Un souverain qui ni ne gouverne ni ne règne, qui est emprisonné dans des lois, des ordonnances, des règlements que d'autres édictent, — qui est le maître à la seule condition d'obéir toujours, de ne faire que ce que l'on veut qu'il fasse, — qui est astreint à un travail sans trêve pour fournir au luxe de ses courtisans et de ses ministres, et n'a d'autres droits que celui d'aimer la république, la servir et par ce moyen mériter de ne point être destitué ; — un tel souverain ne se comprend pas tout de suite et il faut un peu de temps pour s'y faire. Nous sommes sur la voie cependant. Le peuple, nous commençons à l'entrevoir, est souverain à peu près comme Sancho Pança l'était dans l'île de Barataria, ou, plus exactement encore, souverain comme sont *Dieux*, dans les pays qu'arrose le Gange, ces éléphants que les Indous tiennent pour des êtres supérieurs, qu'ils entourent d'une sorte de vénération, et sur le dos desquels néanmoins ils montent sans façon, qu'ils soumettent à une obéissance servile et auxquels, malgré leur caractère divin, ils font exécuter les plus gros ouvrages, tous leurs travaux les plus pénibles.

Allons, si l'on veut être de bonne foi, on conviendra que

ce que le peuple jusqu'ici a gagné de plus réel à la république, c'est, en dehors de son titre de souverain, *le droit* de se chanter *la Marseillaise* autant qu'il lui plaît, toutes les fois surtout qu'il éprouve le besoin de faire *acte de liberté* et d'affirmer son républicanisme. Impossible de trouver autre chose. Que si cela suffit à son bonheur cependant, nous n'aurons garde d'y contredire. Nous sommes prêts à déclarer au contraire que c'est bien à tort qu'on le dit exigeant, et qu'il sait véritablement se contenter de peu.

L'égalité étant un des dogmes fondamentaux de la ré-république, on ne peut certainement s'étonner beaucoup de voir nombre de gens compter comme un des bienfaits que nous lui devons, d'avoir aboli la distinction des castes, et rendu les carrières accessibles à tous. Ces gens-là n'en commettent pas moins un grossier anachronisme. Au temps où l'aristocratie, en France, gardait encore ses privilèges, l'accès de certaines carrières était, il est vrai, à peu près fermé à ceux qui ne faisaient point partie de la noblesse ; — mais ces temps sont loin de nous déjà ! Depuis un siècle, l'aristocratie ne nous paraît guère avoir barré le chemin à personne, et ne saurait, sans la plus manifeste injustice, être accusée d'avoir accaparé les hauts grades ou les grandes positions. Les talents et le mérite ont été, sous nos dernières monarchies, les seuls titres dont un homme eût besoin pour faire son chemin, et il n'est personne qui ne sache que l'enfant du peuple bien des fois s'est élevé à des dignités que ne parvinrent pas à atteindre les fils de la plus grande noblesse du royaume. — La monarchie n'avait pas inscrit ridiculement le mot d'égalité sur toutes les murailles, — elle se contentait de mettre l'équité dans ses actes. Ce qu'elle demandait avant tout à ses fonctionnaires, grands et petits, c'étaient les connaissances et les aptitudes indispensables pour les emplois qui leur étaient confiés. Si elle aimait ceux qui lui étaient dévoués, — et quoi de plus naturel! — si même elle marquait pour eux quelque préférence, elle n'allait pas du moins jusqu'à faire de leur dévouement un titre qui dispensât de tous les autres, qui tînt lieu du degré d'instruction, des aptitudes et des qualités que chaque position exige. La république pourrait-elle en dire autant? N'est-ce point elle qui, loin de rendre les carrières accessibles à tous, peut être justement accusée de n'en ouvrir la porte qu'à ses favoris? Ce qu'elle a si souvent et si superbement condamné dans la monarchie, voici donc qu'elle le fait elle-même. Toujours l'histoire des besaciers. Elle ne demande pas de titres de noblesse, sans doute, — mais il lui faut un certificat de *civisme!* Et c'est elle qui ose parler d'égalité! Elle qui se vante d'être libérale!

Que tant de républicains aient donc pour la république un profond amour et l'exaltent avec un enthousiasme, dont nous voulons bien ne pas suspecter la sincérité, — qu'ils tiennent passionnément à elle et soient disposés à donner même leur vie pour la défendre, — sans nul effort nous le concevons, qu'on daigne le croire. La république est si bonne pour eux! — Être né pour vivre obscurément derrière un comptoir ou pour végéter tristement dans un barreau de province, et, tout à coup, sans transition, devenir un personnage important, un homme politique! être appelé à *confectionner* des lois, à *prêter* au gouvernement le secours de ses *lumières*, — député aujourd'hui et, demain peut-être, ministre! Quel rêve! Et ce rêve, la république en a fait une réalité. Comment ne pas l'aimer!

De même que la religion du Christ, — pour laquelle

nos républicains cependant affichent un si grand mépris, — la république affectionne particulièrement les petits, les humbles, ceux dont l'éclat n'offusque personne. — Elle est pleine de miséricorde pour les intelligences modestes et se plaît à confondre les superbes, à faire monter aux premiers rangs ceux qui étaient aux derniers. Et pour cela qu'exige-t-elle? d'être aimée seulement! — Ah! combien nous paraîtrait noire l'ingratitude de ces hommes, s'il ne lui donnaient pas aussi tout leur amour, s'ils avaient la petitesse de lui marchander les cantiques!

Mais le peuple, ce bon peuple qui n'a rien reçu du tout, qui n'est ni plus ni moins que ce qu'il était hier, et qui rit et qui chante avec une si parfaite conviction, qui se dit, — ou que l'on dit, — si fier, si heureux de la république, — voilà ce que nous ne pourrons jamais nous lasser d'admirer!

XXI (1)

Mais pendant que nous nous évertuons à prouver que la France n'est point républicaine, et que la république n'a chez nous aucune chance de durée, — les faits ne semblent-ils pas nous donner un éclatant démenti? Malgré nos affirmations et nos beaux arguments, la république marche cependant; — sans trop de bruit elle s'établit, se régularise et tout doucement conquiert les esprits, se fait accepter de tous. Au tumulte des premières heures ont maintenant succédé le silence et le calme ; les intrus ont été éliminés, les brouillons renvoyés chez eux, — l'épuration s'est faite, — et l'ordre règne... dans Varsovie.

Nous le reconnaissons, les apparences ne sont guère pour nous, et nous serions assez mal venu à nier ce que tout le monde voit, — que la république vit et fonctionne et qu'elle songe peu à mourir pour nous donner raison. Aussi bien nous gardons-nous de chercher notre défense dans une dénégation absurde. Ce que nous voudrions seulement, c'est qu'on eût la bonne foi de convenir que si la république vit encore, c'est qu'elle a eu l'heureuse

(1) Que le lecteur n'oublie pas que tout ceci a été écrit vers la fin de 1872. (*Note de l'éditeur.*)

fortune de tomber, à sa naisssance, entre les mains d'hommes qu'il serait difficile de tenir pour des républicains bien ardents. En venant, dans leur désarroi, chercher secours auprès de M. Thiers, les hommes du 4 septembre ne furent peut-être point si mal inspirés. Par l'introduction de ce Nestor de la politique dans leurs conseils, ils donnaient un gage de modération dont on leur sut gré, et leur autorité se trouva fortifiée devant le pays et devant l'Europe.

Touché, de son côté, de l'hommage rendu par les républicains à sa haute et vieille expérience, M. Thiers ne leur refusa ni ses conseils ni son concours. Malgré son âge, — qui semblait devoir lui commander le repos, — les luttes, le danger, qu'il a toujours aimés, l'attiraient, et il ne lui déplaisait point d'accepter le singulier rôle de servir, — lui, l'ancien ministre de la monarchie de Juillet, — de Mentor à la république. « Eh bien! a-t-il dit, un jour à la tribune, — non sans un peu de malice, mais avec encore plus de sens, — puisque la république n'a jamais pu réussir entre les mains des républicains, — *essayons-en* avec des monarchistes : elle aura peut-être plus de chance avec eux. » Et, là-dessus, il s'est bravement et loyalement mis à l'œuvre. Le vieux parlementaire, — qui a, dans sa longue carrière politique, porté aux républicains tant de ces coups finement acérés qu'il sait si bien donner, — a pris paternellement la république entre ses bras, l'a protégée contre ses ennemis et surtout contre ses amis, l'a débarrassée de ses allures farouches et trop peu en harmonie avec nos mœurs, lui a donné de la tenue, a corrigé son langage et en a fait enfin une fort honnête personne que l'on peut avouer et presque aimer aujourd'hui.

Beaucoup de gens sont pleins de méfiance à l'endroit de M. Thiers et se refusent absolument à croire à sa loyauté, à la pureté de ses intentions. Grand nombre de républicains surtout redoutent l'habileté si connue de celui qu'ils appellent le *faux bonhomme*, et craignent qu'à un moment donné il ne fasse sauter la coupe et *n'amène le roi*. Aussi surveillent-ils attentivement son jeu, et ont-ils l'œil sur tous ses mouvements. Nous croyons tous ces hommes-là dans l'erreur, et ne doutons pas, quant à nous, que M. Thiers ne se soit sincèrement attaché à la république. C'est pour lui presque une création d'abord, — et quel est l'artiste qui ne finit par s'éprendre un peu de son œuvre? Mais M. Thiers a bien d'autres bonnes raisons d'aimer la république, — surtout telle que nous l'avons!... — Nous ne sommes donc pas de ceux qui suspectent le dévouement qu'il lui porte, et pouvons regarder comme sérieux et loyal l'essai qu'il tente de cette forme de gouvernement. Ce serait bien mal connaître M. Thiers en vérité que de mettre en doute son républicanisme, dans une république dont il est le chef!

Le grand avantage que nous trouvons à la république de M. Thiers, c'est qu'elle laisse à peu près tous les partis satisfaits, — du moins n'en irrite-t-elle aucun. Comme à la manne des Hébreux, chacun peut y trouver le goût qu'il lui plaît. Les républicains *doivent* naturellement être heureux de posséder enfin leur république, — les monarchistes d'avoir, à défaut de mieux, quelque chose qui ressemble autant à une monarchie. Sans nous en douter, nous avons peut-être trouvé l'oiseau rare, le phénix des gouvernements sublunaires. Mais saurons-nous nous y tenir?...

Qu'il serait dangereux en effet de nous fier à cette espèce d'accalmie qui d'ordinaire survient au milieu des tempêtes! Que ce serait étrangement se méprendre sur notre pays que d'espérer le voir entrer dans les voies de la sagesse et jouir paisiblement du bien conquis ! Non son esprit inquiet ne saurait se résigner si facilement au repos ! — ce qu'il a, bien vite le lasse ; — c'est seulement ce qu'il n'a pas qui le sollicite et l'attire. — A tout prix, il lui faut les aventures périlleuses, il lui faut se remettre à la poursuite de chimères nouvelles. Hier, il demandait la république, c'était la république seule qui pouvait lui donner le bonheur ; aujourd'hui il réclame la Commune. Que voudra-t-il, demain? Autre chose encore, soyons-en convaincus.

Ah ! la tâche qu'a entreprise M. Thiers, si elle n'est pas au-dessus de son courage, pourrait bien être au-dessus de ses forces ! Sa profonde expérience, sa longue habitude des luttes parlementaires, sa connaissance des hommes, et par-dessus tout la souplesse prodigieuse de son esprit, ont bien pu jusqu'ici lui faire éviter les écueils nombreux qu'il a rencontrés, mais nous ne saurions nous dissimuler que l'énergie est déjà émoussée en lui, et qu'il peut, d'un moment à l'autre, se perdre par la faiblesse. Familiarisé, de longue date, avec la gymnastique politique, rompu aux exercices d'équilibre les plus difficiles, il marche avec une certaine assurance sur la corde raide, maniant avec une remarquable habileté le balancier, dont les côtés extrêmes de la Chambre peuvent *représenter* les poids, que, suivant le besoin, il approche ou écarte de lui. Il s'est, jusqu'à ce jour, grâce à sa science et à sa dextérité, préservé des chutes : — cela peut-il durer? Un faux mouvement n'est-il pas à craindre ? Ce jeu d'ailleurs qui, en ce moment, semble lui plaire et l'intéresser, bientôt ne le fatiguera-t-il pas ? Ne peut-il pas nous demander lui-même à descendre? Et alors?... n'allons-nous pas revenir au point de départ, au premier acte du drame?...

Nous connaissons trop nos républicains pour croire que jamais ils puissent être pleinement satisfaits. Ils ont la république, mais déjà ne disent-ils pas tout haut que ce n'est pas celle qu'ils veulent, — que ce n'est pas de cette façon qu'ils l'ont jamais comprise? Et, de fait, nous ne nous sommes jamais fait d'illusions là-dessus, — nous nous sommes même toujours un peu douté qu'ils se seraient agités beaucoup moins, s'ils n'avaient eu en vue autre chose que la république de M. Thiers.

Nous n'avions, jusqu'à présent, affaire qu'aux républicains, qu'à ceux du moins qui avaient le même cri de ralliement et semblaient n'avoir que la république pour même objectif; — dans quelques jours nous verrons les diverses catégories se dessiner et, en face des républicains modérés, surgir les *démocrates purs*, *les radicaux*, *les rouges*, *les communistes* et les *communeux*, et vingt autres partis encore qui, tous, préparent à la France d'aussi agréables destinées. Et la guerre recommencera plus sauvage, plus implacable que jamais, — et la pauvre petite république de M. Thiers, si elle n'est tout doucement et poliment mise à la porte par les monarchistes, pourrait bien être déchirée en lambeaux par ses propres enfants.

Oui, nous sommes en république, — l'urne électorale, deux fois interrogée, depuis l'entrée de nos troupes dans Paris, a de plus répondu deux fois que la France était républicaine, — et cependant nul ne désarme, tous les esprits sont pleins d'anxiété et agités par les plus sombres appréhensions. Nous sommes en république, et partout les républicains se montrent soucieux et semblent conspirer encore. Ce qui les indigne, disent-ils, c'est que l'on ait pris leur république à l'essai. Si elle est bonne, qu'ont-ils à craindre? Mais nous paraissons trop, d'après eux, être toujours dans le provisoire. Eh! bon Dieu, ne savent-ils donc pas qu'il n'y a plus guère que le provisoire d'un peu stable dans notre pays?

XXII

M. Thiers a dit un jour, « que la république était ce qui nous divisait le moins ». Le mot fit fortune. Il était loin d'être juste cependant. Pour être plus dans le vrai, M. Thiers eût dû ajouter : « en attendant qu'elle soit ce qui nous divise le plus ». Nous eussions mieux compris. Il en est en effet de la république un peu comme du protestantisme, avec lequel nous lui avons reconnu plus d'un point de ressemblance. Autant de sectes, autant de partis presque que d'individus. — Pas de mot dont le sens soit plus vague que celui de république, chez nous ; chacun aussi entend-il l'interpréter à sa manière, chacun le comprend-il à sa guise et doit-il naturellement s'efforcer de faire prévaloir son interprétation, de nous donner la république de ses rêves. De là le chaos, — de là tous les périls qui nous menacent. — Nos pères eurent la république *une et indivisible ;* nous avons quelque peu fait du chemin depuis, et la république de 1870 compte tant de genres, de sous-genres, tant d'espèces déjà, qu'il sera impossible bientôt de s'y reconnaître.

La *souveraineté du peuple* est certes une forte belle thèse à soutenir, une thèse surtout qui assure à ceux qui la défendent les applaudissements et les faveurs de la foule. Il n'est point difficile de concevoir tout le parti (*et le profit*) que peut tirer d'un pareil thème un homme doué de quelque imagination. Il y a plus, cependant ; — à côté des ressources qu'un tel sujet offre au rhéteur habile, le principe de la souveraineté du peuple, — il faut en convenir, — a pour lui encore les apparences de la raison et du droit. Rien en effet ne semble plus rationnel, plus logique, rien ne paraît moins contestable, à première vue, que le droit pour toute société de se gouverner elle-même. Il en est malheureusement de ce principe comme de tant d'autres qui, magnifiques en théorie, sont détestables dans l'application. L'erreur sur laquelle il repose, les défauts et les vices dont il est entaché n'apparaissent clairement que lorsque du domaine de la spéculation on le fait descendre sur le terrain de la pratique. Terribles sont alors les mécomptes qu'il réserve !

La *Démocratie pure n'est que le despotisme de la canaille*, a dit Voltaire, ce philosophe courtisan que les républicains de nos jours, — nous ne savons en vérité pourquoi ! — veulent absolument compter pour un de leurs prophètes. Rousseau, moins irrévérencieux pour le peuple, s'est contenté d'avancer « *qu'une démoratie pure ne convenait qu'à des dieux* ». L'auteur *des Droits de l'homme*, pas plus que celui qui fit au *cléricalisme* une guerre si acharnée, ne croyait donc, on le voit, à la possibilité d'un gouvernement démocratique. C'est qu'il n'est pas en effet de gouvernement présentant plus de dangers, assurant moins la stabilité des institutions, et ayant plus de mépris certainement pour la liberté individuelle. Où trouver donc un peuple assez sage, assez pénétré de ses devoirs pour échapper à tous les écueils qui l'attendent, pour se préserver des abus d'autorité, des excès de pouvoir et des redoutables ivresses que procure une puissance à la quelle il n'est pas donné de bornes? Si ce peuple existe, ce ne peut être, selon Rousseau, qu'un peuple de dieux. Eh bien! quelque haute opinion que nous ayons de notre pays, nous estimons alors que ce n'est pas en France qu'il faut le chercher.

Le pouvoir donné au peuple, c'est la locomotive placée à l'arrière du convoi. Que les wagons de tête cessent un instant d'obéir fidèlement à l'impulsion qu'ils reçoivent, — que, pour une cause quelconque, ils s'arrêtent ou seulement ralentissent leur marche, — et ils seront culbutés et broyés. La machine lancée ne veut pas d'obstacle.

C'est au nom du peuple que vous avez proclamé la république, en son nom encore que vous vous êtes présentés à nous, — en lui que vous trouvez votre sanction et votre force. Nous ne l'oublions pas, nous pouvons vous le jurer, — mais il est bon que vous vous en souveniez aussi. — La république que vous nous avez... donnée n'a jusqu'ici rien qui puisse nous effrayer trop; elle est sage, modérée, suffisamment libérale, — c'est une justice que nous lui avons déjà rendue et que nous sommes prêt à lui rendre encore. — Derrière vous malheureusement sont des hommes dont les droits, nous ne pouvons vous le dissimuler, nous paraissent valoir les vôtres, et qui déjà jettent sur les hautes positions dont vous vous êtes emparés de sombres regards de convoitise. Attentivement ils surveillent vos mouvements, épient vos fautes et, n'ayant pas trouvé place à la curée, se promettent de faire avant peu avec vous ce que vous avez fait avec les ministres de l'empire, — de vous envoyer méditer et pleurer un peu sur les ruines de Carthage.

Comme vous, ces hommes s'appuient sur le peuple, parlent en son nom et prétendent n'aspirer qu'à le servir. Leur programme, de plus, est, bien mieux que le vôtre, fait pour lui plaire et l'exalter. — Que ferez-vous donc? Allez-vous vous retourner contre ces hommes, les traiter en revoltés et les combattre? — Vous ne le pouvez. Les urnes électorales se sont prononcées, — le peuple est pour eux et avec eux. Or, devant le suffrage universel il ne reste qu'à s'incliner, — c'est vous-mêmes qui nous l'avez appris. Il est dur sans doute de céder ainsi à un autre sa place au banquet, au moment où les coupes commençaient à circuler joyeusement et où les convives s'apprêtaient à se couronner de fleurs, — mais le respect que vous devez à vos principes vous commande de le faire sans murmurer.

Vous vous y résignez mal! — Nous nous y attendions. — Ne pouvant conjurer le danger, vous voulez essayer du moins de l'atténuer. — C'est alors que, quittant ces airs autoritaires que si promptement les républicains savent prendre, — vous allez tout à coup devenir conciliants et faciles; — alors que vous montrerez pour les volontés du peuple une soumission que vous êtes si loin d'avoir, et, pour ses intérêts, une sollicitude inquiète et touchante. C'est à ce moment aussi que nous vous verrons, déployant toutes les ressources de votre esprit, faire appel à ces petits moyens que vous réprouviez et flétrissiez naguère avec tant d'arrogance, et bientôt entrer dans la voie toujours dangereuse des concessions, des transactions qui ne satisfont personne et prouvent bien plus la faiblesse que l'habileté de ceux qui les accordent. — Vaines espérances que celles dont vous vous bercez! Expédients aussi stériles que misérables que ceux auxquels vous êtes près de recourir!! Les exigences du peuple croissent d'heure en heure, et il n'est plus en votre pouvoir déjà de les satisfaire. Ses revendications, chaque jour plus impérieuses, plus ardentes, ne vont plus vous laisser un moment de trêve. — Ce peuple qui vous acclamait avec un si frénétique enthousiasme, que vous teniez haletant et frémissant sous votre parole, et dont hier encore vous pouviez vous croire le maître; — ce peuple aujourd'hui se détourne de vous avec défiance. Moins crédule et moins niais que vous ne le pensiez, il se demande quelle amélioration la République a jusqu'ici apportée à son sort, et se livre à des rapprochements qui allument la colère dans son regard. Il attend toujours la réalisation de vos promesses et la venue de cet âge d'or si emphatiquement annoncé. Il commence à comprendre que c'est pour vous seuls qu'il est arrivé. — Prenez-y garde! s'il est prompt à donner sa confiance, il ne l'est pas moins à la reprendre, et il se fait parfois dans ses affections des revirements subits et terribles!

Le peuple ne raisonne point et s'inquiète peu de rattacher les effets aux causes, d'aller chercher le sens caché des événements auxquels il assiste, de tous les actes dont il est témoin : Il ne voit que le fait et ne connaît que lui. C'est à ses impressions surtout qu'il obéit et par elles qu'il se laisse le plus ordinairement conduire. Rien de plus spontané souvent, de plus irréfléchi toujours que ses sentiments. Sans transition aussi, on le voit passer de l'amour à la haine et briser, dans ses accès de fureur aveugle, les idoles devant lesquelles, la veille encore, il se prosternait. C'est que sa mémoire ne garde pas longtemps le souvenir des bienfaits reçus. On pourrait ajouter peut-être, pour n'être point injuste envers lui, qu'elle ne garde pas mieux quelquefois celui du mal qui lui a été fait.

Qui ne rirait donc de la folle présomption de ces hommes qui, au mépris des enseignements de l'histoire, pensent avoir fixé à jamais pour eux la faveur populaire, et sur ce terrain, le plus mouvant qui soit, prétendent asseoir un édifice durable? qui ne les tiendrait surtout pour insensés, en les voyant aussi insolemment compter sur la longanimité du pays, et douter si peu de la docilité du peuple, de son imbécillité, qu'ils méditent déjà de lui passer le mors, pour l'attacher à leur char de triomphe et se faire traîner par lui au Capitole?

Allons! assez de rêves audacieux. Votre heure est venue, sachez donc le reconnaître. Ne cherchez pas davantage à retenir une popularité qui vous fuit et que vous ne ressaisirez plus. Comme le gladiateur antique, cherchez plutôt une pose dernière et tâchez de tomber avec grâce, si vous le pouvez.

Hommes et choses vont vite en temps de démocratie! Ceux qui nous paraissaient, hier encore, marcher en avant de tous et que les plus agiles mêmes avaient peine à suivre, ne seront plus demain que des retardaires, que des traînards peut-être, que la foule écrasera sans miséricorde sous ses pieds. Place aux autres! Les haltes ici ne sont point permises et le peuple ombrageux ne souffre pas que l'on s'attarde trop longtemps au pouvoir. Il y a d'ailleurs des impatiences terribles à satisfaire, — il y a des ambitions qui ne savent pas attendre et des convoitises avec lesquelles il faut compter. Place donc à ceux qui sont derrière vous, — leur tour est venu de prendre le premier rang. Bientôt dépassés et distancés, eux aussi, par ceux qui les suivent, ils ne tarderont pas à avoir le même sort que vous, sans doute. — Eh! bien, que ce soit là votre consolation, s'il vous en faut une. — C'est le flot qui pousse le flot, et qu'un autre flot incessamment presse et remplace. Ainsi le veut l'inexorable logique des gouvernements qui ont pris la souveraineté du peuple pour base (1).

(1) Parmi les partisans les plus convaincus de la république, parmi ceux même qui, en ce moment, se montrent les plus ardents à soutenir les droits du peuple, il en est peu, croyons-nous, qui

Puissions-nous nous tromper, cependant, et mériter d'être traité d'alarmiste, de visionnaire, d'être conspué même par les républicains! C'est avec bonheur que nous ferions amende honorable à la république et voudrions avoir à reconnaître un jour combien étaient ridicules et fausses nos prévisions, combien chimériques nos terreurs. Mais nous n'osons guère espérer que pareille joie nous soit donnée. — Nous n'avons pas encore épuisé la coupe et craignons bien qu'il ne faille la vider jusqu'à la lie!

voudraient d'un gouvernement démagogique, — si le nom de gouvernement peut être donné à un état social qui est la négation plutôt de tout ce que ce mot implique. Nous avons regret à le dire, mais ces gens-là nous paraissent souverainement illogiques. Toute république en effet, en vertu même des principes sur lesquels elle repose, doit tôt ou tard arriver à la démocratie. C'est la rivière qui suit sa pente naturelle et dont on ne peut arrêter la marche que par des endiguements qui ne font le plus souvent qu'augmenter sa violence et sa force. Or de la démocratie à la démagogie, la distance n'est pas longue, et un peuple comme nous ne tarde pas à la franchir. Si ce n'est pas là la fin obligée de toutes les républiques, c'est du moins, on nous l'accordera, vers ce terme extrême qu'elles sont sollicitées sans cesse et souvent emportés par la force même de leur principe. Pourquoi alors ne pas accepter les conséquences d'un principe que l'on admet? Ceux qui, aujourd'hui demandent la Commune, et qui, demain, sans doute demanderont que le pouvoir soit tout entier aux mains du peuple, — ceux-là nous semblent beaucoup plus dans le vrai que vous. Leur seul tort est d'être trop pressés, de ne pas savoir attendre. C'est que, il faut bien le dire, — ce n'est pas précisément pour leurs petits-neveux qu'ils travaillent; — l'avenir est bien le moindre de leurs soucis, — c'est le temps présent seul qui les intéresse. Si donc ils demandent une rénovation complète de l'ordre social, c'est qu'ils espèrent bien bénéficier de ce changement; et s'ils poussent avec tant d'ardeur le peuple à la revendication de ses droits, — c'est qu'ils comptent un peu sur sa reconnaissance.

Et c'est parce que nous savons tout cela, parce que nous savons que la république, en France, conduit fatalement à la démagogie, que nous ne voulons pas de la république.

XXIII

Ce qui fait en partie la force de la république et ne contribuera pas peu à en prolonger la durée, c'est, — le croirait-on? — la peur que précisément elle inspire. Il est sans doute étrange d'avoir, dans un pays où le courage compte pour une des qualités les moins rares à rencontrer, à invoquer pareille cause pour s'expliquer certains faits. La chose malheureusement ne saurait être niée. La distinction d'ailleurs qui a souvent été faite entre les divers genres de courage est loin d'être une subtilité de physiologiste ou de rhéteur, et il ne serait point difficile de citer nombre d'hommes d'une bravoure incontestée qui n'ont pas toujours eu le courage de leur opinion. Tel aura, sans trembler, affronté la mort sur un champ de bataille, qui, lorsque l'émeute grondera dans la rue, mettra prudemment peut-être sa cocarde dans la poche et se gardera bien d'afficher trop haut ses préférences politiques. Ce n'est là, pensons-nous, rien apprendre à personne.

C'est dans la classe moyenne plus particulièrement que peut se constater la pusillanimité dont nous nous plaignons, et qui si souvent a aidé à tromper l'opinion sur les vrais sentiments de la France. Qui n'a été frappé en effet de l'empressement que la bourgeoisie a toujours mis à se ranger du côté de la révolution, à saluer la république toutes les fois quelle a été proclamée? Qui n'a été étonné surtout, après chacun de nos revirements politiques, de trouver tant de républicains là où l'on en comptait si peu la veille? — Le spectacle que nous donne la bourgeoisie, à ces moments-là, n'est ni des moins curieux ni des moins instructifs : non seulement elle s'efforce de faire croire à la sincérité de ses opinions nouvelles, mais elle voudrait prouver encore que ces opinions ne sont point chez elle de date récente. Nous la croyions profondément attachée aux institutions qu'elle avait et la tenions pour monarchique, — eh bien, nous nous trompions! La bourgeoisie cachait habilement son jeu, — elle était républicaine, paraît-il, et avait de tout temps adressé un culte secret à la république. — Elle se taisait, parce qu'elle aime peu à parler et qu'elle n'a pas pour habitude de dire à tout le monde ce qu'elle pense, — mais elle détestait l'empire et *savait* bien qu'il ne pourrait tenir. « Elle s'était toujours dit (bien bas, par exemple) que tout cela ne durerait pas, que cette prospérité du pays cachait des pièges, — que les *Français* ne supporteraient pas longtemps un pareil despotisme, et qu'il faudrait tôt ou tard en arriver à la république. Son opinion avait toujours été que la république était le roi, — non, le premier des gouvernements, le seul qui convînt à la France et que sans liberté...» il doit y avoir de la gêne, naturellement. Oui, elle avait vu et s'était dit tout cela, cette bonne bourgeoisie, — et personne ne s'en doutait!

Eternellement, on le voit, la comédie cotoiera le drame et viendra mêler sa note gaie aux choses les plus tristes.

Tous ces néo-républicains, — est-il besoin de le dire? — prodiguent aujourd'hui à la république leurs protestations de dévouement et ne se montrent pas les moins bruyants parmi ceux qui chantent ses louanges. Leur exaltation irait même jusqu'à nous effrayer parfois, si nous ne les connaissions pas. — Ils sont par-dessus tout impitoyables pour le gouvernement qui vient d'être renversé ; — « *jamais*, il peut en être sûr, ils ne lui pardonneront le mal qu'il a fait *à leur pays* », — aussi lui épargnent-ils peu les malédictions et les injures. — Braves gens, que nous avions toujours connus si paisibles, si débonnaires, à quel degré de férocité la peur a pu cependant les conduire !

Mais cette irritation si grande que la bourgeoisie ressent contre le gouvernement déchu, n'aurait-elle point par hasard une autre cause que celle qu'on voudrait lui assigner ! Est-il bien prouvé que le souvenir de nos défaites, de l'humiliation de nos armes lui soit si amer et que la rançon même imposée à la France ait mis en son cœur une telle exaspération ? Oserait-on affirmer qu'elle n'a pas tout simplement sa source dans ses espérances trompées, dans la déception cruelle qu'elle doit à l'empire, — et que ce qu'elle lui pardonne le moins encore, ce ne soit d'avoir, en tombant, ouvert la porte à la république !...

La bourgeoisie, malgré ses allures frondeuses et ses airs toujours mécontents, — malgré le scepticisme que volontiers elle affecte en politique aussi bien qu'en religion, malgré ses plaintes incessantes et les menaces que parfois elle fait entendre, — la bourgeoisie n'est nullement révolutionnaire. Quelques historiens ont voulu lui faire honneur de la révolution de 1830, de celle même de 48, — ces historiens, à notre avis, ont commis à la fois une erreur et une injustice. La bourgeoisie ne fait point les révolutions, — elle se contente de les accepter ou de les subir. Les révolutions d'ailleurs sont le plus ordinairement faites, en France, par une poignée d'hommes et au profit de quelques-uns. C'est avec l'aide du peuple, en son nom toujours, — mais jamais pour lui, bien entendu, — qu'elle se font. Il n'y a plus que le peuple qui en soit encore à ignorer cela.

Ennemie du changement, la bourgeoisie n'aime point les ambitieux, les réformateurs politiques, tous ceux en un mot qui peuvent apporter du trouble dans sa vie. Elle ne redoute rien tant que les aventures. Audacieuse en paroles, elle l'est très peu en fait. Ce qu'elle aime avant tout, c'est le repos, le calme. A ceux qui gouvernent elle ne demande aussi que deux choses, — la sécurité au dedans et la paix au dehors. Le meilleur de tous les gouvernements, pour elle, serait celui qui, en lui donnant une somme modérée de libertés, — elle ne serait point à cet endroit si exigeante qu'on le pense, — pourrait les lui assurer. Elle est donc prête à accepter tous les gouvernements que l'on voudra, si ces gouvernements, — dont la forme et le nom lui sont après tout assez indifférents, peuvent lui donner des garanties suffisantes, s'ils peuvent lui promettre que la liberté individuelle sera respectée et que sa *fortune* ne sera point menacée.

La bourgeoisie tient à vivre en bons termes avec tout le monde, — principalement avec eux qui lui inspirent une certaine crainte. Et voilà pourquoi nous la trouvons républicaine aujourd'hui et la voyons se parer avec ostentation de couleurs qui très probablement ne sont pas celles qu'elles eût choisies, si on l'eût consultée. Mais l'avenir n'est pas des plus rassurants, les jours mauvais pourraient revenir, — il lui importe de dissiper à tout prix les soupçons que le peuple garde sur elle et de donner à la république des gages indéniables de sa foi. Fidèle à sa prudence habituelle, elle se hâte donc de se ranger du côté des plus forts, espérant ainsi, — un peu naïvement peut-être! — échapper mieux aux dangers qu'elles pressent,

Dans ce sentiment que nous venons de signaler chez la bourgeoisie, il n'y a certes rien de bien flatteur pour la république : nous y trouvons néanmoins une fois de plus la preuve qu'une république sage et modérée, — une république telle que les bons esprits la conçoivent, que les républicains honnêtes la veulent, — pourrait sans trop de peine s'établir en France et n'y rencontrerait qu'une assez faible opposition. Mais, nous le demandons encore, cette république est-elle possible dans notre pays ? Ce qui s'est passé dans les divers essais qui ont été faits, ce qui même se passe en ce moment, ne nous donne-t-il pas le droit de nous montrer incrédule ?...

« La république sera conservatrice où elle ne sera pas. » Encore un mot de M. Thiers qui décidément en aura fait beaucoup. Chacun, à l'envi, s'empresse aujourd'hui de répéter cette parole tombée de la bouche du chef de l'État, et recueillie aussi religieusement qu'un oracle. Cette petite phrase de rien a suffi pour éclairer la situation, la définir nettement, faire disparaître les équivoques, et rendre la confiance et l'espoir à ceux que la république effrayait. — Nous en demandons, toutefois, pardon à M. Thiers, mais son mot ne nous paraît pas plus heureux que celui de Napoléon Ier, — auquel il peut servir de pendant : — « Dans cinquante ans l'Europe sera républicaine ou cosaque. » Comme vérité, les deux se valent. — Une république conservatrice ? Quel étrange accouplement de mots ! — De cette république-là nous voudrions bien, nous autres ; mais ce sont les républicains qui, croyons-nous, ne seraient guère contents. Et de fait, une république, chez nous, qui conserverait quelque chose, ne serait pas une république, — personne ne s'y reconnaîtrait plus. On ne saurait en vérité demander à la république de vivre sur les errements de la monarchie. Son rôle à elle est de tout changer, de tout renouveler, d'envoyer au garde-meuble la friperie monarchique et de nous donner du nouveau et du neuf.

Que M. Thiers reprenne donc son mot. Le vieil homme d'État, s'il s'est trompé, nous aura prouvé du moins qu'il y a encore de la jeunesse en lui, puisqu'il lui reste des illusions à perdre.

XXIV

Il est encore, pour expliquer le peu d'opposition que d'ordinaire rencontrent chez nous les audacieuses entreprises des révolutionnaires et la facilité avec laquelle ils ont pu si souvent s'imposer au pays, une raison que nous ne saurions nous dispenser de mentionner ici et qui, de toutes celles que l'on peut donner, n'est peut-être pas la moins sérieuse ; — cette raison, c'est l'indifférence. Un auteur célèbre a écrit, il y a près d'un demi-siècle, un volumineux traité sur *l'Indifférence en matière de religion*, — il y aurait un long chapitre tout au moins à faire sur *l'indifférence en matière politique*, et il ne serait même point difficile de prouver que, chez le plus grand nombre, celle-ci n'est guère que la conséquence de la première.. Ce serait malheureusement nous écarter trop de notre sujet que d'aborder des considérations d'un tel ordre, — nous nous bornerons aussi à indiquer, en quelques lignes, les causes principales, selon nous, de cette indifférence que tout le monde constate et dont les funestes effets n'échappent aujourd'hui à personne.

L'indifférence est chez les uns produite le plus ordinairement par le scepticisme, cette maladie de l'âme qui étouffe tout ce qu'il y a de noble et de généreux en elle et conduit l'homme insensiblement à une sorte de paralysie morale, à l'inertie la plus affligeante ; — chez d'autres, elle est amenée au contraire par un excès de foi, — ou, pour dire mieux, par une exagération, une aberration presque de la foi, — par ce que nous appellerions volontiers le fatalisme chrétien. Imbus de cette conviction que « l'homme ne peut rien contre les décrets d'en haut, que c'est la Providence seule qui conduit les événements et les hommes », ceux-ci en arrivent en effet à se désintéresser si complètement des choses de la vie politique qu'ils n'assistent plus qu'en spectateurs aux drames ou aux comédies qui se jouent devant eux. Rien de tout ce qui se fait ne semble les toucher et, loin d'opposer la moindre résistance aux atteintes portées à leur liberté, à l'odieuse tyrannie des agitateurs de la rue, loin d'essayer de prévenir au moins les malheurs qui les menacent, — ils ne se donnent plus même la peine d'apporter leur protestation au scrutin. Leur engourdissement est tel que tout mouvement leur répugne et qu'ils préfèrent béatement attendre que le ciel vienne à leur secours et arrange pour eux les choses.

Une indifférence, ou, si l'on aime mieux, une résignation aussi étrange, une apathie aussi coupable ne sauraient être assez énergiquement flétries.

Nous ne sommes certes point de ceux, qui pensent être fort spirituels en disant que « Dieu est trop haut, et ne s'abaisse pas, d'ailleurs, jusqu'à s'occuper des petites affaires des humains », — bien moins encore de ceux qui, sans autrement s'inquiéter de l'opinion de tous les grands génies qui ont illuminé le monde, ont, de par leur autorité et avec une rare aisance, tout simplement supprimé Dieu, comme un vieux préjugé qui aurait fait son temps, et pour qui la Providence n'est, bien entendu, qu'une absurde et ridicule invention des prêtres ; — mais nous sommes surtout de ceux qui croient, avec notre grand fabuliste, que l'aide du ciel n'est d'ordinaire accordée qu'aux hommes qui commencent par s'aider eux-mêmes. — La résignation peut être une vertu en religion, ce n'est qu'une lâcheté souvent en politique. La doctrine du « laisser faire et du laisser passer, » que tant de gens invoquent, est sans doute une doctrine commode, derrière laquelle l'égoïsme et l'indolence peuvent trouver à s'abriter, — elle ne sera jamais, pour nous, que la doctrine des timides et des impuissants.

Mais quelles que soient les causes que l'on veuille assigner à l'indifférence dont nous parlons, ses effets n'en sont pas moins déplorables toujours pour une nation. Les sociétés, tout comme l'individu, sont bien près de leur fin, quand la sensibilité commence à s'éteindre en elles, quand rien ne fait plus tressaillir leurs fibres et que la vue même de l'abîme vers lequel elles courent n'est plus capable d'exciter leur effroi, — pas même de provoquer en elles ces convulsions dernières par lesquelles tout être vivant semble d'ordinaire protester contre la mort.

Il est donc facile de comprendre que l'indifférence et la peur aidant, la fortune aille aux audacieux. Qu'attendre en effet d'un pays où ces deux sentiments dominent! De quel côté pourrait venir le salut? — Ce n'est plus que des républicains eux-mêmes que nous avons à l'espérer, et c'est d'eux que sûrement il viendra, — s'il arrive. Il est certains maux qui portent en eux leur remède. Les républicains pourraient bien être appelés à guérir la France de la république!

Oui, les hommes qui sont en ce moment à la tête des affaires ne nous inspirent point trop de craintes. Leur sagesse et leur modération bien connues iraient même jusqu'à nous rassurer complètement, si nous pouvions en même temps croire davantage à leur énergie. Mais pourront-ils résister longtemps aux pressions qu'ils supportent, aux attaques auxquelles ils sont en butte, aux assauts incessants donnés au pouvoir qu'ils détiennent? Ne seront-ils pas conduits bientôt à introduire dans le gouvernement l'élément que, maintenant, ils repoussent et combattent, à faire à leurs adversaires des concessions qui doivent amener leur perte?...

Ah! ceux que nous avons à redouter, ce sont ceux qui viendront après eux et dont nous pressentons l'avènement prochain! — Ne nous le dissimulons pas, — il y a, de ce côté, contre nos gouvernants, une irritation sourde, des ressentiments qui ne sauraient tarder à se faire jour. Les républicains n'entendent point avoir *fait* la république pour que des monarchistes leur en enlèvent les bénéfices. La république est leur œuvre, leur chose, et ils prétendent en être les maîtres; — c'est un champ que de longue main ils ont préparé et qu'ils veulent avoir seuls le droit d'exploiter.

Nous nous sommes quelque peu moqués de nos républicains ne trouvant pas, — dès qu'ils sont au pouvoir, — de plus urgentes réformes à accomplir que celles de changer les noms des rues et d'inscrire partout les trois vocables sacramentels de la république. Nous aurons à le regretter peut-être. C'étaient là de bien innocents passe-temps, après tout, — des changements qui ne pouvaient compromettre ni les républicains ni la chose publique. Dans ces puérils essais que ces grands réformateurs faisaient du pouvoir, nous eussions pu trouver comme un tacite aveu de leur impuissance, — et, dans l'hésitation, dans l'espèce de timidité qu'ils montraient, trouver même des motifs de nous rassurer. Puisse seulement, pour le pays et pour nous, cette timidité ne pas faire place trop vite à l'audace et à cette superbe confiance que les républicains ont assez ordinairement en eux-mêmes!

N'est-il pas à craindre, que, — lorsqu'ils croiront la république définitivement assise et que le pouvoir sera entièrement en leurs mains, — ils ne s'enhardissent et que, pressés de réaliser l'œuvre qu'ils méditent, ce ne soit plus aux noms des rues qu'ils s'en prennent, mais bien à nos institutions mêmes! — Nous avons appris à les connaître et savons avec quelle légèreté et quelle irrévérence il traitent les choses même les plus respectables. Nous savons de plus le goût qu'ils ont à renverser, à faire des ruines et combien tout ce qui rappelle nos vieilles monarchies et parle au peuple de nos gloires anciennes offense leurs regards et leur est odieux. Que le premier coup de pioche vienne à être donné, — et on peut sans crainte prédire que rien ne restera debout. Pas de démolisseurs qui les vaillent! comme des enfants qu'on aurait eu le malheur de laisser pénétrer dans un riche musée, ils toucheront étourdiment à tout et auront bien vite fait de joncher le sol de débris. Dieu veuille nous préserver surtout des brouillons, des incapables et de ces médiocrités dangereuses que le suffrage universel si souvent amène à la surface! Que n'aurions-nous pas à redouter de ces hommes politiques improvisés, de ces hommes d'État d'occasion, qui, pour se créer un notoriété quelconque, pour se faire une popularité, n'hésiteraient pas un instant à porter la hache dans les œuvres vives de notre édifice social! Oh, pour obtenir les grossiers applaudissements d'une certaine foule, ils ne reculeront devant rien, et, ne pouvant rien édifier, désorganiseront, saperont, abattront tout, — convaincus encore qu'ils seraient, d'avoir, par là, fait faire un grand pas à la civilisation, et ne manquant pas aussi de se prendre modestement pour des grands hommes!

C'est là qu'est le péril pour nous, — mais c'est de là aussi que peut venir le salut. Ces hommes, si au-dessous de la tâche dont ils ont osé se charger, si peu dignes de commander à un grand pays, ne peuvent manquer, par les fautes qu'ils commettront, de soulever tôt ou tard l'opinion contre eux. Une nation comme la nôtre n'est pas une nation dont on se joue impunément. Sa longanimité est grande, trop grande certainement, mais cette longanimité a cependant des bornes. Avec une docilité bien rare, la France a, pour la troisième fois, accepté la la république et permis aux républicains de prendre en leurs mains ses destinées! Elle attend maintenant l'exécution de leur magnifique programme. Malheur à eux s'ils ont espéré pouvoir l'abuser longtemps avec tous ces grands mots de la langue républicaine, avec ces phrases creuses dont ils nous ont saturés, — s'ils pensent, en faisant sans cesse retentir le mot de liberté à ses oreilles, pouvoir en faire une esclave! Il faut à la France des hommes d'une autre taille que ceux que nous voyons. De tous les despotismes celui qu'elle supporte le moins, c'est, après le despotisme de la foule, celui des incapables. Nul doute aussi que, sous l'excès de l'humiliation qu'elle subit, un jour elle ne se réveille et, s'arrachant enfin à sa lâche torpeur, elle ne brise, dans sa colère, tous ces hommes sans autorité, sans valeur, qui se sont imposés à elle, — ces tristes comédiens qui font si emphatiquement parade de leur amour pour le peuple, et qui, au fond du cœur, ont de ses intérêts le même souci à peu près que celui qu'ils prennent pour les habitants de notre satellite. Le peuple, de son côté, — tout aveuglé que nous le sachions, tout égaré qu'il soit par leurs déclamations et les plates flagorneries qu'ils lui prodiguent, — le peuple ouvrira enfin les yeux, lui aussi, et, — pris d'indignation autant que de dégoût, arrivé à ce degré de lassitude à laquelle les gouvernements démocratiques conduisent les nations, sera le premier peut-être à se tourner contre eux et à acclamer celui qui les délivrera des aventuriers et de cette tourbe famélique qui se presse derrière eux.

C'est ainsi toujours que finissent les républiques, en France; ainsi que finira aussi, nous n'en doutons pas, la république de 1870.

XXV

Au moment de terminer cette étude, une crainte s'empare de nous, — c'est qu'on ne nous acccuse d'avoir *rapetissé* le débat, comme on dirait à la Chambre, et d'avoir jugé terre à terre, avec un esprit superficiel et étroit, le mouvement auquel nous assistons, et que nous n'aurions pas su comprendre. Ne serait-il pas, en effet, humiliant pour nous d'avoir pu lire si mal dans ce livre que nous avons la prétention de juger, — de nous être laissé arrêter par de puérils et infimes détails, et d'avoir sottement cherché à surprendre des ridicules là où nous eussions dû trouver de grands enseignements. — « Plus habitué, — nous dira-t-on, — à embrasser un vaste ensemble de rapports, à voir autre chose que des faits dans l'histoire, vous eussiez gardé pour vous vos petites ironies, et eussiez plus sérieusement et plus dignement apprécié des événements, des symptômes dont la haute portée vous échappe. Dans ce grand malaise dont sont prises les sociétés modernes, dans ces aspirations à un état meilleur que vous condamnez, parce que vous ne pouvez les comprendre, dans ces douloureuses convulsions des peuples, ces puissants et terribles efforts qu'ils font pour se débarrasser des langes du passé, — dans ces sublimes élans vers la liberté, en un mot, cette liberté qui est au fond du cœur des sociétés aussi bien qu'au fond du cœur de l'individu, — vous eussiez sans doute alors vu autre chose que des déclassés, de tristes ambitieux et surtout de misérables agitateurs. »

Une pareille accusation nous serait certes pénible, et nous serions loin d'être insensible à de tels reproches, si nous n'étions sûr de ne les avoir point mérités. — Nous connaissons toutes les phrases qui se peuvent faire sur un thème pareil. Sans fausse modestie, nous croyons même qu'il ne nous eût pas été plus difficile qu'à un autre de philosopher ainsi à propos d'histoire, et de nous élever à ces considérations qu'on nous conseille, — considérations dont le vague et l'obscurité sont malheureusement trop facilement prises pour de la profondeur. La vérité n'y gagnerait guère. Il est bon sans doute, pour les bien juger, de voir les faits d'un peu haut, — pas de trop haut cependant, si l'on tient à les voir encore ; — mais il importe aussi de ne pas négliger des détails qui ont parfois une immense valeur.

N'allons donc chercher ni trop haut ni trop loin l'explication que nous pouvons trouver tout près de nous, et qu'une étude plus attentive des hommes et la connaissance seule du cœur humain doivent nous donner — Au fond de ces haines sourdes contre la société, de ces cris de révolte contre les gouvernements, il n'y a le plus souvent, hélas! qu'un grand mécontentement de soi-même. Non moins souvent encore ces colères et ces haines n'ont d'autre point de départ qu'un froissement d'amour-propre, un simple échec essuyé dans la carrière que l'on parcourait. Ce qui n'était qu'une piqûre, au début, est allé chaque jour s'envenimant sous l'empire des circonstances, sous l'influence de milieux malsains et est devenue un ulcère profond dont on ne guérit plus. Grâce à l'imagination et aux encouragements que l'on trouve autour de soi, — au spectacle, ajoutons-le, du succès des autres, — on s'exalte, on se persuade bientôt être victime des plus odieuses injustices, — le sang gagne la tête et la trouble, et l'on en arrive insensiblement à ces haines redoutables qui arment tant de bras. On veut à tout prix se venger. Mais de quoi? Mais de qui? On serait en peine de le dire. On s'en prend à la société, aux chefs des États, comme l'enfant, dans ses aveugles colères, s'en prend à sa mère et frappe son sein. Qui cependant oserait voir dans ces hommes de nobles champions de la liberté? des persécutés, des victimes de notre ordre social? Qui pourrait voir en eux des amis du peuple, et, surtout, de généreux réformateurs, d'hommes guidés par le seul amour de leurs semblables, par la passion du bien, et n'aspirant qu'au bonheur de l'humanité? N'est-il pas temps d'assigner à chacun sa vraie place et de donner aux hommes et aux choses leurs véritables noms? Faisons enfin descendre du piédestal, sur lequel on les a niaisement élevés, tous ces prétendus héros, tous ces martyrs apocryphes de la liberté, et qu'on traîne aux gémonies tous ces misérables auxquels trop longtemps on a dressé des autels.

Mais dans ce formidable concert d'accusation et de plaintes qui s'élèvent du sein des masses, dans toutes ces clameurs, dans ces cris de vengeance des hommes dont nous venons de parler, — n'y a-t-il, pas autre chose cependant que des ambitions qui demandent à se satisfaire? Oui, sans doute, il y a autre chose encore. Il y a la plainte éternelle de l'humanité, — cette plainte que, comme la mer, elle pousse depuis qu'elle est sortie des mains de Dieu et que jusqu'à la fin elle ne cessera de faire entendre; — il y a les appels désespérés et les sauvages blasphèmes des damnés, les rauques rugissements de tous ceux que la folie a touchés, de ceux qui ont renié Dieu.

Si la terre aujourd'hui tremble sous nos pieds, il ne faut point en accuser stupidement la société, qui n'est, après tout, que l'expression de nos vices ou de nos vertus, — qui n'est que ce que la font les hommes qui la composent. Il est peut-être commode, pour ces farouches et vertueux détracteurs, d'en avoir fait une personnification à laquelle ils peuvent adresser leurs accusations et leur injures, — mais leurs traits risquent trop de frapper dans le vide. Rendons l'honneur à qui il est dû, et laissons aux philosophes la triste gloire d'avoir préparé à notre temps de si terribles instructions. C'est leur héritage que les nations liquident en ce moment, — héritage non moins fatal que celui du fils d'Ixon, et que l'on ne liquide qu'avec du sang.

Les philosophes pensèrent sans doute donner une haute idée de leur génie et crurent, dans leur orgueil, assurer pour toujours le triomphe de la raison humaine, en enlevant au peuple les espérances d'une vie future et en le réduisant aux seuls intérêts de cette vie. Or, que sont-ils arrivés à faire? Ils ont détruit le grand équilibre humanitaire, et fait de ce monde une création absurde et désolante que la raison elle-même se refuse à comprendre. Au malheureux il restait au moins l'espérance de quelque rémunération future, — et ils la lui ont brutalement enlevée, en le forçant à maudire la vie. Aux victimes des jugements des hommes il restait une suprême cour d'appel au delà de la tombe, et patiemment les infortunés attendaient ce jour d'une réhabilitation glorieuse, — et ils ont su leur persuader que c'était là mensonge, que cette vie était sans lendemain. Qu'ils se glorifient maintenant de leur œuvre!

Nous ne pouvons sans terreur nous représenter un

peuple chez lequel on serait parvenu à éteindre toute croyance. Il nous semble voir le Zuyderzée, cette terrible mer suspendue sur la Hollande comme une constante menace, et notre pensée mesure avec effroi tout ce qu'elle pourrait de ravages, si les vents du nord venaient un jour à la pousser à la révolte. En vain les hommes ont-ils cru se mettre en sûreté derrière les digues qu'ils ont construites ; — Dieu sait, et les hommes aussi savent ce que valent ces digues contre de telles révoltes !

La société, nous dira-t-on peut-être, a les lois humaines pour la protéger et la défendre. Mais les lois humaines sont précisément ces digues dont nous parlons, — digues toujours battues, toujours déchirées par le flot qui gronde et s'irrite de leur résistance, jusqu'au jour où il pourra les renverser. — L'homme isolé ne fera point tomber nous le savons, la barrière que les lois lui opposent, mais il saura la tourner et aller à son but malgré elle. Ce ne sera plus pour lui qu'une question de hardiesse et d'habileté.

En emprisonnant l'homme dans les étroites limites de la vie terrestre, on ne s'est pas aperçu qu'on introduisait dans le monde la plus redoutable et la plus hideuse des divinités, — *l'égoïsme*. Obéissant en effet à cette soif de bonheur que tout homme possède, — d'un bonheur dont il porte en lui le sentiment, la conscience, qu'il comprend devoir être sa fin, — et n'ayant plus à attendre ce bonheur au delà de la vie, — chaque homme voudra dès lors l'atteindre, et à tout prix, durant la vie même. N'aura-t-il pas raison? Et fera-t-il en cela autre chose que de se montrer impitoyablement logique? — Mais ce bonheur cependant que sera-t-il? Ce ne peut plus être la paix que met au cœur l'accomplissement des devoirs, puisqu'on lui aura enlevé toute espérance de rémunération future. Et d'ailleurs, — nous le demanderons à la philosophie,

— qu'est-ce que le devoir? Qu'entend-elle par ce mot dont elle se sert si effrontément? Où prendra-t-elle le droit d'imposer au malheureux de durs sacrifices, et des sacrifices de chaque jour, quand elle n'a nulle récompense à lui offrir? Espère-t-elle lui faire comprendre que la société a besoin de sa misère patiente, — que, à côté de ceux qui regorgent de tout, il est bon que d'autres se tordent dans les horreurs de la faim? Touchante morale, qui, nous n'en doutons pas, convaincra sans peine le malheureux et l'empêchera d'élever trop haut une plainte importune! — Ah! que la philosophie cesse de parler de devoirs, et qu'elle reprenne et garde pour elle des vertus auxquelles elle ne peut trouver de sanction. — Non, ce bonheur seul que l'homme poursuivra, ce sera la brutale satisfaction de ses désirs et de ses passions; — désirs et passions qu'il voudra assouvir, et qu'il assouvira, sans s'inquiéter, croyez-le bien, de tous ceux qu'il aura renversés sur sa route, sans se préoccuper du trouble qu'il apportera dans l'ordre social. Qu'importe, en effet, qu'à ses côtés celui-ci souffre, pourvu que lui ait honneurs et richesses, qu'il puisse s'abreuver à longs traits à la coupe des jouissances humaines! *Crime* et *vertu* ne seront plus dès ce moment que de vains mots, ou des mots qui devront changer d'acception.

Mais nous n'avons point à faire ici un tableau des excès effrayants auxquels un pareil rationalisme doit conduire. Parcourez, si vous en avez le courage, la population de nos bagnes, — allez voir de près ces créatures immondes qui, il y a quelques mois, promenaient l'incendie et la mort dans Paris, — et vous apprendrez mieux que nous ne pourrions vous le dire ce que valent et peuvent les codes forgés par les hommes. Ecoutez un instant ces malheureux, aujourd'hui sous le coup des lois humaines, et demandez-leur s'ils se repentent. Oui, ils se repentent tous..... mais seulement de n'avoir pas fait davantage et de n'avoir pas été plus habiles. Aussi, que les portes s'ouvrent, un jour pour eux, et les protecteurs de l'ordre social trouveront de rudes autagonistes !!

Mais revenons à l'accusation dont nous pourrions être l'objet et à laquelle nous tenons à répondre. — Nous n'ignorons certes pas plus que nos adversaires que ce n'est ni sans bruit, ni sans secousses que les peuples accomplissent les diverses évolutions qui doivent les conduire à leurs destinées. Pas d'enfantement sans douleurs, — nous le savons encore. Si nous reconnaissons toutefois à l'humanité une marche incessante vers la fin mystérieuse que Dieu lui a assignée, — marche que les hommes peuvent bien entraver quelquefois, mais qu'ils ne sauraient changer, — nous ne regardons, en revanche, les peuples que comme des phalanges d'ouvriers se succédant sans interruption, naissant et mourant après avoir, dans une mesure plus ou moins large, aidé à l'œuvre humanitaire. Les peuples sont entre les mains de Dieu bien plus qu'en celles des hommes qui les gouvernent. Leur destinée est accomplie dès qu'ils ne peuvent plus rien pour l'avancement de l'humanité. On veut qu'un peuple ait ses âges divers, ses phases qu'il doit parcourir, et l'on s'est plu toujours à lui prêter une vie à peu près semblable à celle des hommes. Nous acceptons d'autant plus volontiers le rapprochement qu'il servira à expliquer mieux notre pensée.

De même, en effet, que l'individu souvent meurt avant que d'avoir atteint son entier développement, — que, sous l'influence de différentes causes, la mort le prend au sortir du berceau aussi bien que dans la plénitude de ses forces, aussi bien qu'au seuil de la vieillesse, — de même les nations n'arrivent pas toutes à parcourir complètement les âges de leur existence, à atteindre seulement leur virilité. La mission qu'elles remplissent peut se trouver terminée bien avant l'heure que, dans notre orgueil, nous nous complaisions à leur assigner. Toutes ont un rôle à jouer, mais toutes ne sont pas appelées à tenir les premiers emplois, encore moins à les garder toujours.

Il serait donc téméraire de vouloir déterminer à quel point de sa durée est arrivée une nation, plus téméraire encore de prétendre lui voir parcourir toutes les phases d'un développement qui appartient à l'humanité seule, — développement auquel chaque peuple aura aidé sans doute, mais dont tous ne sauraient avoir les bénéfices.

La question ainsi ramenée à son vrai point de vue, il nous sera permis de voir dans les symptômes que nous venons d'étudier des signes de décadence, de mort peut-être, bien plus que des preuves de progrès et que l'approche de l'accomplissement des plus brillantes destinées pour notre pays. Nous n'aurons point méconnu le grand travail des sociétés, mais nous ne nous serons point abusé aussi sur le mal terrible auquel la France est en proie. Que ces convulsions qui l'agitent et la secouent soient les symptômes d'une crise que subit l'humanité, nous voulons le croire, — on ne saurait nous empêcher de craindre cependant que cette crise ne soit fatale à la France, si le remède n'arrive à temps pour elle.

Le spectacle qu'elle offre en ce moment est certainement des plus lamentables, des moins faits pour encourager l'espoir. Toutes ses vieilles et saintes croyances, attaquées sans relâche depuis plus d'un siècle, sont aujourd'hui presque mortes! Un égoïsme étroit et misérable a pris leur place. Plus de foi, plus de patriotisme, rien de ce qui la faisait si grande, si belle et l'élevait tant au-dessus des autres nations. Ce n'est plus maintenant vers le ciel que ses yeux se lèvent, — c'est à la terre qu'ils restent attachés. Un sensualisme effréné la consume, — et elle semble ne plus rien comprendre, — en dehors des biens matériels qui peuvent lui procurer les satisfactions, les jouissances dont elle est avide. N'osant plus se retourner vers un passé qu'on lui a appris à répudier, elle n'ose cependant regarder l'avenir en face. En proie à la fièvre, elle prend pour des preuves de force ces ardeurs qui la dévorent et l'épuisent. Elle s'agite dans le vide, espère échapper par le mouvement et le bruit aux noires visions qui l'assiègent, — et comme les mourants, jette ses bras de tous côtés, cherchant des objets invisibles, voulant saisir quelque chose qu'elle ne trouve pas.

A voir l'affolement de notre pauvre société, — à la voir courir sans but, tantôt tournoyant sur elle-même, tantôt parcourant l'espace en bonds vertigineux, et perdant avec la conscience de la réalité, celle même du danger, dans ces déplacements continuels de ses horizons, — il nous semble assister à la chute épouvantable d'un astre qui aurait tout à coup cessé d'obéir aux lois de la gravitation. — L'abîme vers lequel elle court n'est cependant pas ignoré : pour le signaler, des voix nombreuses et pleines d'autorité se sont élevées de toutes parts. Des empiriques même se sont présentés en foule pour nous sauver. Mais lasse de tout, — lasse des prophéties sinistres et de ses conducteurs inhabiles, lasse des déclamations et de la phraséologie de ses prétendus sauveurs, lasse même de sa propre peur, — n'ayant plus seulement cette énergie que, devant le danger, l'instinct de la conservation éveille chez les plus faibles, chez les plus lâches, — la société paraît attendre avec indifférence son naufrage. Inattentive maintenant aux manœuvres de ses pilotes, elle se laisse nonchalamment dériver et ne s'inquiète plus ni de l'estime ni des mouvements de la boussole.

Faudra-t-il donc la laisser périr? — Personne ne le pense, chacun apporte son ancre pour arrêter le navire dans cette course folle; — mais les ancres ne trouvent point à mordre, — le fond manque.

XXVI

De toutes parts on entend parler de régénération aujourd'hui : c'est le mot de la situation, le mot à l'ordre du jour. Revues et grands journaux nous ont, durant trois mois, donné déjà sur ce thème les plus brillantes variations, et la presse départementale, moins prompte à abandonner un sujet qui l'aide si bien à remplir ses colonnes, — continue à servir à ses lecteurs de graves avertissements, à leur prodiguer de mâles et vertueux conseils. Nos moralistes au petit pied, profitant d'une occasion aussi belle, ont, de leur côté, travaillé à sanctifier les salons et y ont fait entendre leurs plus pieuses et plus patriotiques homélies; — et le vulgaire enfin, ramassant la menue monnaie de cette éloquence, se donne le luxe d'un peu de vertu, et rend libéralement à la circulation les édifiantes maximes et les rudes sentences dont il s'est enrichi. — La France aurait-elle donc sérieusement fait retour à la sagesse? Reviendrait-elle par hasard aux principes austères, aux lois de la morale trop longtemps désertées ? Jérusalem se convertirait-elle ?... Hélas ! ne nous abandonnons point à une si chimérique illusion! La France est cette belle et folle mondaine qui, dès qu'un malheur la frappe, s'ensevelit sous d'épais habits de deuil, exile le sourire de ses lèvres et se ressouvient de Dieu. Ne vous hâtez pas de croire à l'éternité de la douleur à laquelle elle paraît succomber! Ce matin, vous l'avez vue affaissée sur les dalles froides d'une église et levant au ciel des yeux noyés de larmes, pareille à l'ange de la désolation; — ce soir, peut-être, vous la retrouverez emportée dans le tourbillon d'une valse et livrant sans pudeur ses épaules nues aux regards de la foule...

Quelle est cependant cette régénération dont il est fait si grand bruit, et que l'on veut pour nous? Comment la comprend-on? Est-on bien sûr de pouvoir nous dire seulement en quoi elle doit consister, de pouvoir nous prouver ensuite que la plupart des moyens proposés nous y conduiraient? Ce mot de *régénération* ne ressemble-t-il pas un peu à ces vocables qui, tout à coup, tombent dans notre langue, sans que l'on sache d'où ils viennent, et que chacun s'empresse d'employer avec plus ou moins de bonheur, pour ne point paraître rester en arrière du progrès? — La conclusion de tous les discours, en ce moment, est que la France doit être régénérée. C'est notre opinion aussi. Nous attendons toutefois qu'on nous dise par qui cette régénération doit être opérée (1), — qu'on nous expose nettement surtout les moyens à l'aide desquels elle peut être amenée. Mais de cela nul ne s'est presque inquiété ni ne s'inquiète! — Eh, n'a-t-on pas vraiment assez fait déjà pour la morale publique? N'a-t-on pas donné au pays un témoignage

(1) Chacun parle de régénération, mais personne cependant ne songe à se *régénérer*. — « Je veux bien de l'abolition de la peine de mort, mais que messieurs les assassins commencent », dit un jour Alph. Karr, avec autant de profondeur que d'esprit. — Et bien, que ceux qui sentent si bien la nécessité d'une régénération, donnent l'exemple et commencent par se régénérer un peu eux-mêmes.

suffisant *de la part que l'on a prise à ses malheurs, de tout l'intérêt qu'on lui porte*, en daignant convenir que la société s'était engagée dans une voie mauvaise, — qu'elle était même, il se pourrait bien, quelque peu viciée. N'est-ce pas déjà un grand pas vers le bien que de reconnaître ses erreurs et de les confesser ? — Mais il est convenable, il est juste, cependant, que les charges soient réparties, en ce monde : tout ne saurait peser vraiment sur une même génération. Nous avons fait la guerre et perdu deux provinces ; — à nos enfants de les reconquérir et de nous venger. — Nous avons reconnu, nous, la nécessité d'une régénération, — n'est-ce point assez ? A eux maintenant de faire le reste. Ils ne trouveront pas sans doute, quand *ils entreront dans la carrière*, l'exemple de nos vertus ; — loin de les engager aussi à nous imiter, nous leur souhaitons au contraire de nous ressembler aussi peu que possible. Peut-on dire mieux et faire plus ?

Chose triste et humiliante à constater ! c'est à nos enfants en effet que nous songeons à léguer le soin de venger nos défaites, de relever le prestige de nos armes ! c'est sur nos enfants encore que, dans notre lâcheté, nous comptons pour cette régénération dont instinctivement nous comprenons tous le besoin ! — Ne trouvons-nous pas là l'exacte mesure de l'abaissement profond dans lequel nous sommes tombés ?

Nos gouvernants s'occupent activement, nous dit-on, de la reconstitution de l'armée. Ce n'est point l'armée qu'il est pressant de reconstituer, — c'est la nation elle-même. C'est à rendre au peuple ses croyances d'autrefois qu'il importe de s'appliquer. Sans foi religieuse et sans patriotisme, pas de nation possible. Dieu et le drapeau, voilà la vraie devise d'un peuple. — Nous ne pouvons espérer redevenir forts que lorsque nous recommencerons à croire.

Ce n'est point seulement à l'organisation militaire de la Prusse, ni même à la science de ses généraux et à la portée de ces canons que nous devons nos incroyables défaites, — c'est surtout à nous, à notre désorganisation morale qu'elles sont dues. Malgré leur forfanterie, les Prussiens savent bien que ce qui a fait leur grande supériorité, leur force, c'est, par-dessus tout, notre faiblesse; — et c'est sur nos divisions intestines bien plus encore que sur le nombre et la valeur de leurs soldats qu'ils comptaient aussi pour nous vaincre.

Si M. de Bismarck reprend avec nous aujourd'hui ses airs dédaigneux, son langage dur et hautain, — si ses discours au Reichstag sont pleins de sous-entendus menaçants pour la France, — c'est qu'il estime notre état désespéré sans doute. Il n'entre guère dans les habitudes du grand chancelier de la Confédération du Nord de parler haut avec les puissants, de se montrer arrogant avec ceux dont il a quelque chose à craindre.

Et au lieu de nous relever sous les humiliations que nous aura prodiguées cet homme, dont on a si étrangement exagéré l'habileté et la grandeur, mais que bientôt l'histoire, qui ne mesure pas les héros à la hauteur du piédestal sur lequel on les a hissés, saura ramener à ses vraies proportions; — cet homme devant lequel niaisement l'Allemagne se prosterne, et qui aura été peut-être fatal à son pays plus encore qu'au nôtre! Oui, au lieu de faire taire nos misérables querelles, de mettre à profit les leçons que nous venons de recevoir, — au lieu de nous serrer étroitement les uns contre les autres et de donner au monde le spectacle d'une union que nos ennemis redoutent tant, — nous continuons honteusement au contraire l'œuvre de destruction commencée par la guerre et élargissons encore de nos propres mains les blessures qu'elle nous a faites. Aveuglés et comme frappés de cette démence que Jupiter envoyait à ceux qu'il voulait perdre, nous ressemblons à ces tristes Byzantins, qui, pendant que les soldats de Mahomet s'apprêtaient à donner l'assaut à leurs murailles, se livraient entre eux aux plus ardentes disputes, au sujet des couleurs à donner aux cochers du cirque.

XXVII

Nous n'avons, hélas! plus même la dignité du malheur, et avons maintenant remplacé par une humilité qui touche presque à la bassesse la jactance que naguère on nous reprochait. — Notre presse elle-même, — qui si souvent a raillé la plate obséquiosité des Allemands devant leurs maîtres, — est pleine aujourd'hui d'aménité pour nos vainqueurs et semble vouloir entrer en coquetterie avec eux. Ne se bornant plus, — ainsi qu'elle fit au lendemain de la guerre et devrait faire toujours, — à enregistrer seulement les actes de la polique prussiennne, à ne nous parler de l'Allemagne que pour nous apprendre ce qu'il nous importe de savoir, — voici que, avec une complaisance dont nous doutons que ses lecteurs lui sachent beaucoup de gré, elle s'est mise, depuis quelque temps, à les tenir au courant de tous les faits et gestes, des moindres déplacements des hauts dignitaires du nouvel empire, et à les initier aux plus insignifiants détails de leur vie privée; — que, non moins complaisamment, elle leur raconte les fêtes données à Berlin, et (délicate attention à l'adresse de nos ennemis, impartialité rare qu'ils ne peuvent manquer d'admirer!) va jusqu'à leur parler, sans le moindre embarras, de la manière dont sont célébrés au delà du Rhin les anniversaires des victoires remportées sur nous! — Le *reportage* primant tout de notre temps, même le patriotisme, quelques journaux, renchérissant encore sur les autres, ont su se procurer, pour les offrir galamment à leurs lecteurs, les menus des grands dîners officiels et leur ont appris même la place que chaque convive occupait à ces solennelles réunions. On croirait véritablement, à les lire, tenir la *Gazette de l'Allemagne du Nord* ou la *Gazette de Cologne*.

Ah! le rouge monte au front et le cœur se serre, en voyant des journaux français abdiquer à ce point toute fierté et aussi promptement oublier les humiliations subies! — Eh! que peut nous faire à nous, bon Dieu! que S. M. le roi de Prusse se soit promené en voiture ou à pied, qu'elle ait donné audience au duc de Mecklembourg-Schwérin ou au duc de Mecklembourg-Strélitz, — qu'il y ait eu réception chez le prince héritier, ou que M. de Bismark soit à Varzin, occupé à soigner une indisposition plus ou moins authentique? Que l'agence Havas réserve donc pour ceux que cela peut intéresser les nouvelles de la santé du roi Guillaume et de son ministre, et se dispense de mettre tant d'empressement à nous apprendre que ce dernier a retrouvé l'équilibre de ses nerfs ou son appétit perdu, — le sort du monde, que nous sachions, n'est pas si intimément lié aux organes digestifs de M. le grand chancelier de la Confédération du Nord.

C'est autrement que nous que la Pologne vaincue comprit le patriotisme! Autrement que nous qu'elle a porté et porte encore le deuil de sa liberté et de ses glorieuses défaites! Pourquoi n'avons-nous pas su prendre exemple sur elle!

Mais, là où nous trouvons la presse française plus coupable encore, où plus particulièrement nous déplorons de lui voir faire si bon marché de sa dignité et de la nôtre, — c'est lorsque nous la voyons tout empressée à donner à la Prusse (qui sait mieux qu'elle à quoi s'en tenir), des explications sur des actes de notre politique intérieure, *qui pourraient être mal interprétés à Berlin!* lorsqu'elle se montre si naïvement jalouse de rassurer le *terrible* chancelier, de dissiper ses prétendues craintes ; c'est enfin, et surtout, lorsque nous l'entendons protester des sentiments pacifiques du pays et donner à l'Allemagne l'assurance que « la France n'a pas de *désir plus grand* que celui de reprendre ses *relations amicales* avec elle ». — Allons, la presse aura décidément perdu les plus belles occasions qu'elle avait de se taire. Son silence eût eu une éloquence autrement grande que ses paroles. Que peuvent signifier ces protestations qu'elle apporte à la Prusse? Pense-t-elle qu'on ignore à Berlin rien de ce qui se passe chez nous, — qu'on n'y soit pas parfaitement édifié sur nos sentiments à l'égard de nos vainqueurs ? Pourquoi alors s'imposer gratuitement l'humiliation de paraître leur présenter le rameau d'olivier. L'Allemagne ne nous demande pas plus notre cœur que nous ne voulons du sien. Elle a pu nous vaincre, — ne lui donnons pas du moins le triomphe de nous voir nous abaisser devant elle.

Que si nos journaux cependant tiennent à nous parler de ce pays, les sujets ne leur manqueront point. — Qu'ils nous disent alors de quelle façon savante la haine contre la France, est excitée et entretenue au delà du Rhin(1) ; — qu'ils apprennent à leurs lecteurs comment elle est, dès

(1) Il faut avoir habité l'Allemagne pour comprendre bien la haine que les Allemands portent à la France, et qu'ils essayent vainement de dissimuler quelquefois. C'est une haine sauvage et qui a sa source dans un sentiment de basse jalousie, bien plus que dans le souvenir des défaites passées.

le plus bas âge, inoculée déjà à l'enfant, et comment elle sera plus tard développée et fortifiée chez lui, dans les écoles où il sera envoyé. La haine contre « l'ennemi héréditaire » fait aujourd'hui, chez nos voisins, partie du programme des études. — Mais que nos journaux ne s'arrêtent point là. Pour l'édification et l'instruction de leurs lecteurs, qu'ils traduisent les passages des feuilles allemandes où il est question de la France, afin que ceux-ci sachent enfin l'opinion qu'on a de nous sur les bords de la Sprée et avec quelle insolence, quel mépris on nous y traite. — Qu'ils leur disent encore les mille petites avanies, les humiliations de tout genre auxquelles est exposé le Français voyageant dans les pays d'outre-Rhin ; — et, par la même occasion, qu'ils nous donnent le chiffre des Allemands qui se sont de nouveau abattus sur la France et qui déjà sont tous pourvus d'avantageux emplois. — Ah ! nous voudrions les voir ici livrer à l'indignation publique les noms de ces maisons de commerce et de banque, de ces industriels qui, au lendemain même de nos désastres, — avant que les cendres de nos soldats morts fussent seulement refroidies, — ont sans pudeur ouvert leurs portes à des hommes qui, la veille, promenaient l'incendie dans nos villages, — dont la plupart avaient payé notre généreuse hospitalité en se faisant les éclaireurs de l'armée d'invasion, en conduisant et guidant le pillage, — en désignant peut-être à la rapacité de leurs compagnons la maison même qui durant des années les avait fait vivre.

Voilà ce que la presse française ferait mieux de nous dire. En cela du moins elle ferait acte de patriotisme. Puisque les Allemands prétendent si bien nous connaître et se vantent tant de savoir tout ce qui se fait et se dit chez nous, il est bon que nous les connaissions aussi et que, de notre côté, nous sachions un peu ce qu'ils disent et ce qu'ils font. Pourquoi n'aurions pas le même droit qu'eux?

Mais ce n'est ni en vaines clameurs ni en récriminations stériles, bien moins encore en menaces et en folles bravades que nous devons nous dépenser aujourd'hui. Interrogeons-nous sévèrement et demandons-nous plutôt si ce n'est pas en nous et en nous seuls que nous devons chercher les vraies causes des malheurs qui nous ont frappés. — Nous avons été vaincus, — ne recourons donc pas aux procédés des faibles, en essayant de trouver des excuses à nos défaites, — courbons la tête et sachons les accepter. Quand une nation comme la France tombe sous les coups du sort, elle ne fait entendre ni plainte ni murmure, — elle subit fièrement et en silence les conditions de son vainqueur, quelque dures et impitoyables qu'elles soient, et attend patiemment le jour où Dieu la relèvera de l'expiation qu'il lui inflige, où elle pourra reprendre tout ce qui lui a été enlevé.

Ce jour viendra-t-il?...

Nous ne répondrons qu'en nous tournant tristement vers la Lorraine et l'Alsace, — ces deux nobles provinces dont le cœur bat toujours à l'unisson du nôtre, — et en montrant au faîte de leurs monuments le drapeau qui s'y balance...

Ah ! que nous voudrions, en terminant ces pages écrites avec une indicible tristesse, pouvoir nous arrêter au moins sur une pensée consolante ! Que nous voudrions avoir à signaler, dans le ciel sombre qui nous enveloppe, un coin d'azur, une faible lueur, si faible qu'elle fût ! Mais c'est en vain que de tous les côtés nous interrogeons l'horizon,

— nous ne rencontrons partout que la nuit noire, que des nuées menaçantes et d'où s'échappent de fauves éclairs. La devise que nos anciens rois faisaient graver sur l'exergue de nos monnaies est donc le dernier cri qui reste à pousser, — **que Dieu protège la France!!..**

FIN

F. Aureau. — Imprimerie de Lagny.

EN VENTE A LA MÊME LIBRAIRIE :

HONORÉ BONHOMME. — **Louis XV et sa famille**, d'après des lettres et des documents inédits. 1 vol. gr. in-18 jésus. 3 50

CHAMPFLEURY. — **Histoire de la caricature antique.** Deuxième édition. 1 vol. gr. in-18 orné de 100 gravures. . 5 »

Histoire de la caricature moderne. Deuxième édition. 1 vol. gr. in-18 orné de 90 gravures. . . . . 5 »

Histoire de la Caricature au moyen âge. 1 vol. gr. in-18 orné de 90 gravures. . . . . 5 »

Histoire de la Caricature sous la Révolution, l'Empire et la Restauration. 1 vol. grand in-18 jésus orné de 95 gravures . . . . 5 »

Histoire des faïences patriotiques sous la Révolution. 1 vol. grand in-18 orné de gravures. . . . . 5 »

Histoire de l'imagerie populaire. 1 vol. grand in-18 avec 50 gravures. . . . . 5 »

L'Hôtel des commissaires-priseurs. 1 vol. gr. in-18. 3 »

Souvenirs et portraits de jeunesse. 1 vol. 3 50

C. DESNOIRESTERRES. — **Les Cours galantes,** histoire anecdotique de la société polie au XVIIIe siècle. 4 vol. in-18. 12 »

VICTOR FOURNEL. — **Ce qu'on voit dans les rues de Paris.** 1 fort vol. grand in-18 . . . . 3 50

Les spectacles populaires et les artistes des rues, tableau du vieux Paris. 1 vol. grand in-18 . . . . 3 50

ÉDOUARD FOURNIER. — **L'Esprit des autres** recueilli et raconté. Quatrième édition. 1 vol. in-18. . . . . 5 »

L'Esprit dans l'histoire, recherches sur les mots historiques. Troisième édition. 1 vol. in-18. . . . . 5 »

Le Vieux-Neuf, histoire ancienne des découvertes modernes. Nouvelle édition. 3 vol. grand in-18 jésus. . . . . 15 »

Histoire du Pont-Neuf. 2 vol. in-18 avec photographie. . 6 »

La Comédie de J. de La Bruyère. 2 vol. in-18. . . . 6 »

AUGUSTE LEPAGE. — **Les Cafés politiques et littéraires.** 1 vol. in-18. . . . . 2 »

GEORGES D'HEILLY. — **Dictionnaire des pseudonymes,** révélations sur le monde des lettres, du théâtre et des arts. Deuxième édition. 1 fort vol. grand in-18 jésus . . . . . . 6 »

Journal intime de la Comédie-Française, 1852-1871. 1 fort vol. grand in-18. 6 »

ARSÈNE HOUSSAYE. — **Galerie du XVIIIe siècle.** 4 vol. grand in-18 jésus. . . . . 14 »

ED. ET JULES DE GONCOURT. — **Sophie Arnould** d'après sa correspondance et ses mémoires inédits. 1 vol. petit in-4° avec eaux-fortes. . . . . 10 »

L'Amour au XVIIIe siècle. 1 vol. in-16 avec eaux-fortes. 5 »

JULES JANIN. — **La Fin d'un monde et du Neveu de Rameau.** Nouvelle édition revue et augmentée. 1 vol. grand in-18 jésus. 3 50

CH. PAUL DE KOCK. — **Mémoires écrits par lui-même.** 1 vol. grand in-18. . . . . 3 50

M. DE LESCURE. — **Les Maîtresses du Régent.** 1 fort vol. in-18. . . . . 4 »

F. AUREAU. — IMP. DE LAGNY.

www.ingramcontent.com/pod-product-compliance
Ingram Content Group UK Ltd.
Pitfield, Milton Keynes, MK11 3LW, UK
UKHW012215240726
13966UKWH00003B/769